ANNE-BABAYI İSTİSMAR

Talepkâr ve Öfkeli Gençler

Anne-Babayı İstismar
Talepkâr ve Öfkeli Gençler
Prof. Dr. Üstün Dökmen

Yayın Yönetmeni: Aslı Tunç
Editör: Burcu Arman
Düzelti: Ahmet Özgün Tatar
Kapak Tasarım: Şükrü Karakoç
Sayfa Tasarım: Nurhan Seyrekbasan

2. Baskı: Eylül 2022
ISBN: 978-605-173-864-2

Baskı ve Cilt:
Yıldız Mücellit Matbaacılık ve Yayıncılık San. ve
Tic. A.Ş.
Maltepe Mah., Gümüşsuyu Cad.,
Dalgıç Çarşısı, No: 3/4
Zeytinburnu/İstanbul
Tel: (212) 613 17 33
Faks: (212) 501 31 17
Sertifika No: 46025

Yayımlayan:
Epsilon Yayınevi Ticaret ve Sanayi A.Ş.
Osmanlı Sok., No: 18/4-5 Taksim/İstanbul
Tel: (212) 252 38 21 Faks: (212) 252 63 98 İnternet
Adresi: www.epsilonyayinevi.com
E-posta: epsilon@epsilonyayinevi.com
Sertifika No: 49067

ANNE-BABAYI İSTİSMAR

Talepkâr ve Öfkeli Gençler

Prof. Dr. Üstün Dökmen

Psikoloji / Kişisel Gelişim

epsilon

Dünyaya çocuklar getirmiş ve bir günlükten
elli yaşına gelene kadar onların
sorumluluğunu üstlenmiş, sorumluluk almaktan
omuzları çökmüş bütün ana-babalara...

Değerli sanatçı Tolga Çevik'in annesi
Reyhan Çevik'e ait olduğu ileri sürülen bir söz:

"Çocuk yetiştirmek aslında çok da zor değil;
ilk 45 yıl biraz sıkıntıya girersiniz, ancak çocuğunuz
45'ine geldikten sonra rahatlarsınız."

(Sayın Reyhan Çevik bu sözü söylememiş bile olsa,
galiba söyleyecek çok anne vardır.)

İÇİNDEKİLER

ACİL ÖNSÖZ

Değerli okurlarım,

Elinizdeki kitabı basıma hazırladığım sırada, basında Z kuşağı ile ilgili tartışma henüz başlamamıştı. Araya karantina durgunluğu girdi, kitabın basımı gecikti. Bu yüzden bu önsözü basımdan önce yazmak zorunda hissettim kendimi.

Adının *Anne-Babayı İstismar: Talepkâr ve Öfkeli Gençler* olduğuna bakılarak kitapta gençlerin topyekûn suçlandığı asla düşünülmemelidir. Son günlerde gençlere yönelik haksız bir eleştiri ortamı var; televizyonlarda Z kuşağı gençlerinin nasıl kontrol altına alınabileceği konusunda paneller düzenleniyor. Bir gazeteci ise köşesinde, "Z kuşağı gençleri mal (hayvan) ergenlerdir," yazdı. Hâşâ. Gençlerde, tek tük ortaya çıkabilecek sorunlar dışında, tümünü etiketleyecek bir bozulma olduğunu söylemek yanlıştır, bilimsel olmayan bir tavırdır.

Bu kitapta ergenlik dönemini geçmiş, kendi iradeleri dışında işsiz oldukları veya çeşitli nedenlerle, mecbur kaldıkları için anne-babalarıyla birlikte oturmak zorunda kalan gençlerden söz edilmektedir. Bu gençlerden bazılarının, annelerine veya babalarına, daha çok da annelerine yönelik nazik olmayan tavırları irdelenmekte; bu tatsız durumla baş edebilmek için gerek anne-babaların, gerekse gençlerin neler yapabilecekleri tartışılmaktadır.

Ayrıca, Z kuşağı diye bir şey yoktur. On yıllardır dillerde dolaşan X, Y, Z kuşağı kavramlarının bilimsel bir değeri olmadığı gibi bilimsel psikoloji literatüründe yeri de yoktur. Bu ifadeler yalnızca magazin söylemidir. İnsanları çeşitli açılardan; renklerine, cinsiyetlerine, inançlarına göre sınıflara ayırıp manipüle etme çabasının bir benzeri olarak, doğum tarihlerine göre de sınıflayıp yaftalama gayretinin bir sonucudur. X, Y, Z kuşaklarının özellikleriyle ilgili tanımlamalar, toplumsal bir illüzyon olmanın ötesine geçmez. Örneğin, Z kuşağının en önemi özelliğinin internet düşkünlüğü olduğu iddiası anlamlı değildir. Niçin? Tarih boyunca her kuşak, en son teknolojik ürüne ilgi duymuştur. Bisikletin doğduğu dönemde dedelerimiz, ninelerimiz bisiklete büyük ilgi göstermişlerdi. İlk ortaya çıktığında radyo, o günlerin gençleri için en ilginç teknolojik araçtı. Woody Allen'ın *Radyo Günleri* adlı filmi, yeni bir teknolojik aracın toplumlarda önce gençleri etkilediğini çok güzel anlatır. Büyüklerimden duyduğum kadarıyla 1900'lü yılların başında ülkemizde de kendi imkânlarıyla radyo yapıp kulaklıkla müzik dinleyen, bu yüzden de büyüklerini sinirlendiren gençler varmış. Muhtemelen daktiloyu dünyada ilk defa kullananlar da gençlerdir. Bu durumda, bilgisayarı ve interneti gençlerin, daha da berisi çocukların, yetişkinlerden daha önce kullanmaları çok doğaldır. Bu durumda, "Z kuşağı interneti çok kullanıyor," demek yerine, "Her kuşak, en son çıkan teknolojik ürüne diğer kuşaklardan daha önce ilgi duyar," demek gerekir.

İnternete sadece gençler mi ilgi duyuyor? Anne-babaları duymuyor mu? Gençlerin kitap okumadıkları söyleniyor. Anne-babaları çok mu okuyordu? Gençlerin saygısız oldukları söyleniyor. "Moruk" kelimesi, bir zamanlar orta yaşlı erkeklerin dilinde argomuza girmemiş miydi? Gençler bu kelimeyi daha sonraki on yıllar içinde kullanmaya başladılar. Ergenlik dönemi, Eski Mısır'da, Eski Yunan'da da vardı ve o zamanki ergenler günümüz ergenlerine benzer özellikler sergilerlerdi.

Sonuç olarak ortada denetlenmesi, adam edilmesi gereken bir genç kuşak yoktur. Elinizdeki kitaba göre de yoktur; elinizdeki kitapta sadece bazı gençlerin, bazı aşırı talepkâr ve öfkeli gençlerin (onların da ergenlik ötesi yaşlarda oldukları belirtilmektedir) durumu ele alınmaktadır.

Üstün Dökmen

NİÇİN BU KİTAP?

Bugüne kadar çocuklar ve gençler konusunda yazılmış psikoloji kitaplarında, özellikle de kişisel gelişim kitaplarında, ağırlıklı olarak anne-babaların çocuk yetiştirirken yaptıkları hatalar dile getirildi. Bu kapsamda, ele alınmadık çok az konu kaldığı söylenebilir. Ancak elinizdeki kitapta, sanırım şimdiye kadar etraflıca incelenmemiş bir konu ele alınarak, anne-babalarına karşı öfkeli ve fazlaca talepkâr olan gençlerin, yetişkinlere uyguladıkları sözkonusu davranışların istismar sayılıp sayılmayacağı tartışılıyor.

Kitaptaki genel iddia, belli yaşın üzerinde olan, anne-babalarıyla aynı evde yaşayan bazı gençlerin, şüphesiz ki bilinçli olmadan, onları fiziksel ve duygusal anlamda istismar ettikleri yolundadır. İstismar kavramının ne anlama geldiği, gelmesi gerektiği konusunu az sonra ele alacağız.

Değerli izleyicilerim yıllardır, bazen sokakta tesadüfen karşılaşmalarımızda bazen de telefonla bizzat arayarak çocuklarıyla ilgili sorunlarını dile getirir, benden çözüm için öneri isterler (Naklen gelen, gözleme dayanmayan verilerle öneride bulunmak zor, hatta imkânsızdır. Bu tür durumlarda bazen genel çerçeveler içinde özet bilgi vermeye çalışır, çoğunlukla da okumaları için kaynak öneririm). Bugüne kadar, ayaküstü sohbetlerde ya da telefonda bana iletilen aile içi sorunları not etmeye gayret ettim. Zaman içinde bu tür sorunların yaklaşık yüzde yirmisinin, anne-babaların yetişkin yaştaki çocuklarına ilişkin sorunlar olduğunu fark ettim.

Anne-babaları üzen sorunlar arasında; 25-30 yaşlarına gelmiş, iş bulamadıkları –gerçekten bulamadıkları– veya buldukları işleri beğenmedikleri için doğdukları yuvadan ayrılamamış gençlerin yaşadıkları ve ailelerine verdikleri sıkıntılar başta geliyordu. İşin daha kötüsü bu gençler, otuzunda harçlık almak zorunda kaldıkları için büyük bir gerginlik ve öfke duyuyor ve bu öfkeyi de çevrelerine, en çok da anne-babalarına yansıtıyor; onları sürekli eleştiriyor, âdeta sözlü olarak taciz ediyorlardı.

Şüphesiz ki anne-babalar bu türden öfkeleri hak etmiyorlar. Otuz küsur yaşındaki çocuğunun çamaşırlarını yıkayan, yatağını ve odasını toplayan, harçlığını veren bir annenin, yemeği tuzlu yapmış diye kaba bir şekilde eleştirilmesi ya da "Gece kaçta dönersin?" diye sorduğunda ona çemkirilmesi hafife alınabilecek, geçiştirilebilecek bir kabalık değildir. Bu türden davranışlar, konuyla ilgili psikoloji ve kişisel gelişim kitaplarında bugüne kadar yeterince, hatta galiba hiç ele alınmadı; elinizdeki kitapta bu tür sorunlar ele alınacak ve irdelenecektir.

Dünyada ve ülkemizde ileri yaşlardaki gençlerin iş bulamadıkları için anne-babalarıyla birlikte oturmaları durumu giderek yaygınlaşıyor. Bence bu durumda bir yanlışlık yok; olabilir. Özellikle kültürümüzde biz anne-babaların kapıları çocuklarına, torunlarına hayat boyu açıktır. Bu yanlış değildir. Yanlış olan, anne-babalarıyla birlikte yaşayan gençlerin onlara yeterince nazik olmayan bir şekilde davranmaları ve bir anlamda onları baskı altına almalarıdır. Kitabın ilerleyen bölümlerinde gençlere, "Ayrı ev tutamıyorsanız, hiç değilse dilinizi tutunuz," diyeceğim. Bunu tartışacağız.

Altını çiziyorum, yaşları kaç olursa olsun gençlerin, birtakım ekonomik sıkıntılardan ötürü anne-babalarıyla birlikte oturmak zorunda kalmaları yanlış değildir. Yanlış olan, her yaştaki, özellikle ileri yaşlardaki çocukların ev işlerinde ailelerine yardım etmemeleridir. Bir genç, elinde olmayan nedenlerle birlikte yaşadığı ailesine ekmek getiremiyor olabilir, canı sağ olsun, ancak hiç olmazsa ekmeği mutfaktan yemek masasına getirsin. Cinsiyeti her ne olursa olsun evin temizliğine katkıda bulunsun, kendi çamaşırlarının yıkanmasını annesinden beklemesin, ev işleri konusunda annesini mecburcu saymasın.

Aslında, sadece aile bütçelerine katkıda bulunamayan gençlerin değil; bulunsun bulunmasın tüm gençlerin ve hatta babaların evin hanımına, annesine ev işlerinde destek olmaları gerekir.

Bana sorunlarını ileten bazı anne-babalar, yetişkin yaşlardaki çocuklarının ruh sağlığı sorunları yaşadıklarını, psikoloğa veya psikiyatriste gitmediklerini, gitseler bile psikiyatristin verdiği ilaçları almadıklarını büyük bir üzüntüyle belirtiyorlar. Bu ve benzeri üzüntüler karşısında anne-babaların, yaşları kaç olursa olsun çocuklarının sorumluluklarını fazlaca aldıklarını görüyoruz. İlerleyen bölümlerde, aşırı sorumluluk yüklenme konusuna da değineceğiz.

Ele aldığımız konuyla ilgili anket yapmak zor, bireysel görüşmeyse kaçınılmaz bir veri toplama yolu. Anket yapmayı denediğinizde, evlerinde yetişkin yaştaki çocuklarıyla sorunlar yaşayan anne-babalar çoğunlukla savunmaya geçerek, "Sorun yok," diyorlar. Bu durumda sorunu kendisi dile getiren kişilere yapılandırılmamış mülakat tekniği uygulamak, en etkili veri toplama tarzı olur. Şüphesiz ki bu yolla bir sorunun toplumda ne kadar yaygın olduğu belirlenemez. Sadece belirli bir kesimde de olsa, ancak bir sorunun varlığı keşfedilebilir.

Kitap okuyucuya ulaştığında, özellikle anne-babalar tarafından okunduğunda, gençlerin anne-babalarını istismar etmelerinin bir sorun olup olmadığı; eğer böyle bir sorun varsa, ne kadar yaygın olduğu ana çizgileriyle anlaşılacaktır. Eğer bazı gençler davranışlarıyla, sözleriyle anne-babalarını istismar ediyorlarsa, bu durumun farkında olmadıklarına, en azından adını koymadıklarına kesinlikle eminim. Gençlerin bu kitabı okumaları da, büyük bir ihtimalle, bu konudaki farkındalıklarını artırabilir; bir ölçüde de olsa içgörü kazanmalarına katkıda bulunabilir.

Bugüne kadar, gerek psikologların ve psikiyatristlerin yazdıkları psikoloji kitaplarında gerekse psikologların ve aslında psikolog olmayıp da bu alana girmeye çalışanların kişisel gelişim kitaplarında, açıkça veya üstü kapalı şekilde "Hatalı davranıyorsunuz" denerek anne-babalar suçlanmıştır. Bu kitapta, elimden geldiğince yumuşak bir üslupla gençlere, "Anne-babalarınıza haksızlık ediyorsunuz," demeye çalışacağım. Gençlerin anne-babalarına haksızlık ettiklerinden söz etmek sanırım alanımızda bir yenilik olacaktır.

Alanımızın duayenlerinden değerli bilim insanı Prof. Dr. Atalay Yörükoğlu, yazdığı kitapların yanı sıra, yıllar önce bir de *Hata Kimde?* adlı bir televizyon dizisi gerçekleştirmişti. Anne-babaların çocuklarıyla etkileşimlerindeki hatalarını vurgulayan bu dizi, ülkemizde bu alanda topluma yönelik ilk bilimsel tabanlı psikoloji programıydı. Sonra bu programlar arttı; o arada ben de çocuk eğitimi konusunda kitaplar yazdım, televizyon programları yaptım...

İlk yıllarda, çocuklarına yönelik hatalı davranışları konusunda anne-babalara fazlaca yüklendiğimizi fark ettiğimde, televizyondaki *Küçük Şeyler* adlı programımda üç-dört bölümde bir, şunları söyledim:

"Anne-babaların sayılabilir miktarda hataları vardır, ancak sayılamayacak kadar çok da artıları vardır. Sayısız defa altlarını değiştirdiniz çocuklarınızın, ateşleri çıktığında başlarında beklediniz, onları kazadan beladan korudunuz, bağrınıza bastınız; onlara paranın temin edemeyeceği bir şeyi verdiniz, sevginizi. Onlarca hatanız oldu diye milyonlarca artınız çöpe gitmez. Önemli olan gelişmektir. Dün, diyelim ki şu düzeyde bir anne-babaydınız; bir kitap okudunuz, bir televizyon programı izlediniz, bir milim yukarıya çıktınız, geliştiniz. Önemli olan, gelişmeye açık olmaktır. Ben bir baba olarak zaman içinde gelişiyorum, siz de gelişebilirsiniz. Haklı bile olsalar uzmanların, birtakım eleştiriler yöneltip anne-babaları suçlamaya, üzmeye hakları yoktur. Lütfen siz de geçmiş için kendinizi suçlamayın, sadece bugünden yarına kendinizi geliştirmeye çalışın."

Küçük Şeyler adlı televizyon programını yapmaya başladığım yıllarda bir hanımefendi markette beni tanıyınca ayaküstü şunları anlattı:

"Hocam, geçen pazar, kahvaltı sonrasında televizyonda ilk kez sizin programınıza rastladık, eşim ve yetişkin yaştaki iki oğlumla beraber izlemeye başladık. Bir de baktık ki, sanki bizim evi gözlemiş gibi, anne-baba olarak yıllarca evde yaptığımız hataları anlatıyorsunuz. 'Çocuklarınızı bağımlı kılmayın, meslek tercihlerine karışmayın' diyorsunuz. Zamanında bu hataların hepsini yapmışız. Bizim oğlanlar bir ekrana bir bize bakıp akıllarınca, 'Bakın hocayı dinleyin,' demeye getiriyorlar. Biz ana-baba olarak koltuklarımızda büzüldük, küçüldük, küçüldük, anlattıklarınız karşısında iyiden iyiye ezildik. Bizim oğlanlar dört köşe olmuş şekilde sizi izliyorlar. Neyse ki program bitmeye yakın siz,

'Anne-babaların sayılabilir miktarda hataları vardır, ancak, sayılamayacak kadar çok da artıları vardır,' dediniz. Bunun üzerine benim oğlanlardan birisi ayağa kalkıp ekrana bakarak, 'Hocam işte şimdi berbat ettin,' dedi. Eşimle ben ise son cümleniz üzerine rahatladık; doğrulduk, kendimize geldik."

İsmini bilmediğim değerli izleyicimin anlattığı bu olay, sözkonusu cümlenin ne kadar işlevsel olduğunu birinci ağızdan göstermişti bana.

Elinizdeki kitapta, anne-baba istismarını psiko-sosyal açıdan inceledikten sonra benzer bir cümleyi gençlere de söyleyecek; "Gençlerin sayılabilir miktarda hataları vardır, ancak, sayılamayacak kadar çok da artıları vardır, onların varlıkları bile başlı başına bir artıdır," diyeceğim.

On sekiz yaş üstü çocukların anne-babalarını istismar etmeleri konusunun, bugüne kadar ülkemizde bilimsel makale ya da kitap düzeyinde ele alınmadığı kanısındayım. Bu alandaki tek yayında, on sekiz yaş altındaki çocuklarını bağımlı kılan, kendi hataları yüzünden sıkıntıya giren, ezilen anne-babalar ele alınıyor. Ziya Selçuk'un *Ezilen Anne-Baba El Kitabı* adlı çalışması*, Maya Okulları'nı tanıtan bir broşür niteliğindedir. Kitapçıkta, sadece küçük yaşlardaki çocuklarıyla etkileşimleri konusunda zorlanan anne-babalara öğütler yer almaktadır. *Anne-Babayı İstismar* adını taşıyan elinizdeki kitapta ise, ergenlik dönemini aşmış, otuzunda, kırkındaki kişilerin anne-babalarına yönelik, aşırı talepkâr ve öfkeli davranışları ele alınmaktadır.

Elinizdeki kitaba başlarken değinmek istediğim önemli bir konu, istismar kavramının kendisi. Bu kavram bugüne kadar çoğunlukla "çocuk istismarı" şeklinde kullanıldı. Şimdi size istismar kavramını tartışmayı, alışılmış anlamını gözden geçirmeyi teklif ediyorum.

---

* Selçuk, Z. *Ezilen Anne-Baba El Kitabı.* Maya Okulları yayını.

ÇOCUKLARA YÖNELİK İHMAL VE İSTİSMAR

Bu bölümde kısaca çocuklara yönelik ihmal ve istismar kavramlarından söz etmek, daha sonra da istismar kavramının pratikteki tanımında değişiklik önermek istiyorum.

İhmal Nedir?

Bir çocuğun ihmal edilmesi; onun fiziksel, biyolojik, sosyal, bilişsel (zihinsel) ve duygusal ihtiyaçlarını gidermek mümkünken, bunu süreklilik arz edecek şekilde gidermemek demektir.

Bu tanımda vurgulamak istediğim şudur: Anne-babalar çocuklarının birtakım ihtiyaçlarını ellerinde olmayan nedenlerle, örneğin maddi yetersizlikten ya da zorunluluk sebebiyle evden uzakta oldukları için gideremiyorlarsa bu gibi durumları ihmal saymama yanlısıyım. Tanımın ikinci boyutu ise sürecin süreklilik arz etme hâlidir. Anne-babalar çocuklarının ihtiyaçlarını kısa süreliğine gideremediklerinde de durumun yine ihmalkârlık sayılmaması gerektiği görüşündeyim. İhmalin tekrarlanması, sürekli yaşanması gerekir; böyle olduğunda da ortaya "ihmal edilen çocuk" tablosu çıkar.

Çocuk İhmalinin Türleri

Fiziksel ihmal: Çocuğun vücut temizliğinin, banyosunun sağlanmaması; kıyafetlerinin, yatağının temiz olmaması.

Biyolojik ihmal: Beslenmesine dikkat edilmemesi, aşılarının eksik olması, birtakım sağlık sorunlarının giderilmemesi ya da ertelenmesi (Parasızlıktan kaynaklanan eksiklikleri ihmalden saymama yanlısıyım).

Sosyal ihmal: Çocukla az konuşmak, yeterince etkileşimde bulunmamak, onun yaşıtlarıyla birlikte olmasına ya da anaokuluna gitmesine imkân vermemek.

Bilişsel/zihinsel ihmal: Çocuğun bilişsel gelişimine, daha günlük bir ifadeyle zihinsel gelişimine önem vermemek. Kelime dağarcığının, düşünme becerisinin, sorgulama yetisinin gelişmesine önem vermemek. Çocuğun sorularını, "çok soru soruyor," mazeretiyle cevaplamamak.

Duygusal ihmal: Çocuğun duygusal, duyuşsal birtakım ihtiyaçları vardır. Bu ihtiyaçların giderilmesi için çocuğa bakanlar tarafından fiziksel ve görsel temas kurulurken aynı zamanda hem sözel hem davranışsal olarak sevginin koşulsuz ifade edilmesi gerekir. Bununla birlikte onun ilgi alanlarına, merak ettiği konulara karşı ilgisiz kalınmamalıdır. Bu tür ihtiyaçları tutarlı ve sürekli olarak giderilmeyen çocukların duygusal ihmale uğradıklarını söyleyebiliriz. Ancak şüphesiz ki çocuğa aralıksız şekilde sevgi ve ilgi gösterilmesi şart değildir. Önemli olan ilginin ve sevginin, tutarlı bir şekilde gösterilmesidir.

Yukarıda sıralanan beş ihmal türü de birbiriyle ilişkilidir. Örneğin bir çocuğun yeterince arkadaşı yoksa ya da anaokuluna gönderilmiyorsa, gerek sosyal gerekse bilişsel ve duygusal açıdan ihmale uğruyor olabilir. Yeterince kitabı ve oyuncağı olmayan çocuklar, yine bilişsel ve duygusal açıdan ihmal edilmiş sayılabilirler. Çocuklara illede araba benzeri hazır oyuncakların alınması şart değildir; çıtadan, kâğıttan, mukavvadan oyuncaklar, uçurtmalar yapmaya yönlendirilmeleri de bilişsel ve duygusal gelişimlerine katkıda bulunabilir.

Webb*, anne-babaların çocuklarını ihmal etme nedenlerini şöyle sıralıyor:

Anne-babanın;

- Narsisist, aşırı otoriter ya da mesafeli olması,
- Genelde sınır koymamış olması,
- Boşanmış ya da bir yakınını kaybetmiş olması (bence bu durum geçici bir süre ihmale yol açabilir),
- Alkol ya da madde bağımlısı olması,
- Depresyonda olması,
- İşkolik olması,
- Aşırı mükemmeliyetçi olması,
- Sosyopat olması,
- Empati sergileyememesi ya da ailede özel bakım gerektiren kronik hasta ya da engelli bir çocuğunun veya aile üyesinin bulunması.

Ayrıca ihmale uğramış çocuklar, küçükken ya da yetişkinliklerinde şu özelliklerin bir kısmına sahip olabilirler:

- Boşluk hissi (bir tür anlamsızlık ya da duygusal yalıtılmışlık),
- İlgi açlığı,
- Değersizlik hissi,
- Bağımlılık,
- Gerçekçi olmayan kendilik değerlendirmesi,

---

* Webb, J. (2018), *Çocuklukta İhmalin İzi: Boşluk Hissi*. İstanbul, Sola Unitas.

- Kendinden hoşnutsuz fakat başkalarına karşı sevgi dolu olması (bir tür el-iyisi),
- Zaman zaman kendini iyi hissetmeme, suçluluk ve utanç duygusu,
- Kendine yönelik öfke, kendini gereksiz yere suçlama,
- Özdisiplin eksikliği ve aleksitimi* (Günlük yaşamda pek fazla kullanılmayan aleksitimi, bir tür duygusal küntlüktür. Burada kişinin kendi duygularını yeterince fark edememesi, ifade edememesi ve hayal kurmakta zorlanması sözkonusudur).

İstismar

Çoğunluğun üzerinde birleştiği istismar tanımı şöyledir: "Birinin iyi niyetini kötüye kullanmak, onun emeğini, parasını, duygularını/sevgisini, farkında olarak ya da olmayarak sömürmek." Bu tanıma şunları ilave etmek isterim: Karşıdakinin zaaflarından, güçsüzlüğünden yararlanarak onunla alay etmek, aşağılamak, eğer karşıdaki güçlü bir yetişkinse, rızası dışında onun adını kullanarak çıkar sağlamak, kişiye gücünün üzerinde sorumluluk yüklemek, sözgelişi, bir çocuğun kardeşlerine bir tür mürebbiyelik etmesini istemek de istismar sayılabilir.

Nelerin çocuk istismarı sayılabileceği konusunu şöyle maddeleştirebiliriz:

1. Çocuğun saflığından, samimiyetinden yararlanarak onunla alay etmek, dalga geçmek.

Örnek: Bugüne kadar bazı annelerin dört-beş yaşındaki çocuklarına gülerek, "Ben öleyim, baban sana üvey anne getirsin," şeklinde ısrarla sözümona şaka yaptıklarını, çocukların

* Varol, Ş. (1998), *Grupla Psikolojik Danışmanın Üniversite Öğrencilerinin Aleksitimik Özellikleri Üzerine Etkisi.* Ondokuz Mayıs Üniversitesi, Doktora Tezi.

ise hüngür hüngür ağlayarak, "Anne n'olur ölme," dediğini duydum. Bu sırada anne, bir safı kandırmanın keyfi içinde kahkaha ile gülmektedir. Böylesine bir örnekte anne ciddi biçimde sado-mazoşist bir davranış sergilemekte ve çocuğunu istismar etmektedir. Burada annenin kendi korkularıyla başa çıkmak için çocuğunu araç olarak kullandığı ileri sürülebilir; ancak çocuklarımız birer korku-savar değildir.

2. Çocuğun duygularını kötüye kullanmak, sömürmek, onun saflığından yararlanıp onu suçlamak.

Örnek: Çocuğa, "Yemeğini yemezsen ağlarım," "Bak böyle yapıyorsun şimdi düşüp bayılacağım," "Çocuğun biri söz dinlememiş, çok yaramazlık etmiş dedesi ölmüş," gibi şeyler söylemek istismar sayılabilir.

3. Çocuğu yaşının ya da gücünün üzerindeki işlerde çalıştırmak (Çocuğun yaz aylarında yaşına, gücüne uygun bir işte, sözgelişi, bir kitapçıda ya da manavda aşırıya kaçmadan çalışması istismar değil, hayata hazırlık sayılmalıdır. Kırsal kesimde bir çocuğun kısa süreyle tavuklarla, ördeklerle, koyunlarla ilgilenmesi, fiziksel olarak zorlanmadan bağda bahçede çalışması da istismar sayılmamalıdır. Bunun yanında, trafik ışıklarında çocuğun eline bez verip egzozlar içinde cam sildirmek, küçük yaştaki bir çocuğu gün boyu tarlada veya bir atölyede çalıştırmak ise iş yükünün ağırlığı oranında istismar sayılabilir).

4. Çocuğu çalıştırıp kazancını elinden almak.

5. Çocuğa dilencilik yaptırmak veya onu kucağına alıp dilenmek.

6. Çocuğu okula göndermemek (Eğer çocuğun sağlık sorunları, fiziksel bir engeli varsa ailesi onu okula göndermeyebilir ancak bu durumda MEB'e başvurularak çocuğun evde eğitim alması sağlanmalıdır).

7. Çocuğu evlendirmek (Çocukları evlendirmek başlangıç

aşamasında istismar, sonrasında ise tecavüze yeşil ışık yakmak demektir. Anne-babanın rızası olsa bile, henüz reşit olmamış bir kız çocuk bir yetişkin erkekle evlendirildiğinde, yine de ortada bir tecavüz gerçeği vardır).

Kız çocuğuna gelin başı

Reşit olmamış bir kızın veya oğlanın evlendirilmesi yasaktır, tehlikelidir. Basına yansıdığına göre bir süre önce bir ilimizde evlendirilen küçük yaşta bir kız çocuğu, ilk gece yoğun kanamadan ötürü ölmüştür; çocuk olduğu için ölmüştür. Medeni kanunumuza göre evlenmede alt yaş sınırı on yedidir. Bir kızın veya oğlanın buluğa ermiş olması, evlenebileceği anlamına asla gelemez. Çocuk yaştaki evlilikler biyolojik, psikolojik, sosyolojik açıdan son derece yanlıştır; bu tür evliliklerde anne-babanın bilgisizliği ve bencilliği sözkonusudur. Çocuk yaşta evlendiğinizde, her şeyden önce çocukluk haklarınızdan vazgeçmiş olursunuz; çünkü 12 yaşındaki evli-barklı bir kadın, topluma göre sokakta sek-sek oynayamaz. "Çocuk Gelinlere Hayır Ulusal Platformu" üyesi bazı gönüllüler, kadın kuaförlerini dolaşıp broşür dağıtıyor ve onlara, "On iki-on üç yaşında bir kız çocuğunu gelin başı yapmanız için size getirirlerse lütfen bu numarayı arayın. Birkaç yüz lira kayba uğrarsınız ama bir çocuğun hayatını kurtarırsınız," diyorlar. Bu duyarlılığı herkesin, özellikle kadınların göstermesini; kadın kuaförlerinin, salonlarına gelin başı yapılsın diye getirilmiş çocuklar gördüklerinde, çocuğun annesini tebrik etmek yerine, durumu yetkililere bildirmelerini istiyoruz.

8. Süreklilik arz edecek şekilde çocuğa çocuk emanet etmek (Bir çocuk, kardeşiyle kısa süre ilgilenebilir. Ancak bu durum eğlence olmanın ötesine geçer, büyük çocuk için bir görev hâline gelirse, büyük çocuk istismar edilmiş küçük de ihmal edilmiş olur. Her ne kadar toplumda, "Çocuğa çocuk emanet edilmez," dense de pratikte çok çocuklu ailelerdeki küçük çocukların sorumluluğu, on-on iki yaşındaki ağabeylerin, çoğunlukla da ablaların üzerlerine yıkılmaktadır. Büyük bir işgücü gerektiren bu görev hem ağabeylerin, abların kardeşlerini kucaklarına alırken zorlanmalarına hem de kendi yaşıtlarıyla oynayamamalarına yol açar. Bu yüzden çocuklara kardeşlerinin sorumluluklarını süreklilik arz edecek şekilde vermek, bir tür istismar sayılabilir).

Bu maddelere, cinsel istismar hariç tutularak ilavelerde bulunmak mümkündür.

Vurgulanması gereken nokta ihmal ile istismarın sıklıkla iç içe geçiyor olmasıdır. Bir ihmal, istismar içermiyor olabilir; ancak her çocuk istismarı aynı zamanda, bir ölçüde de olsa ihmal içerir.

Yukarıdaki istismar tanımına "cinsel istismar" denen şeyi katmadım. Bu bilinçli bir tercihtir. Taciz-tecavüz olaylarını istismar kavramı içine sokmamak, "cinsel istismar" dememek, kaç yaşında olursa olsun bir çocuğa yönelik cinsel içerikli saldırganlıkları istismar kapsamında düşünmemek, yalın olarak "taciz-tecavüz" demek yanlısıyım.

Kitabımızın konusu çocuklara yönelik ihmal, istismar, taciz ve tecavüz değil. Bu noktada sadece, çocuklara yönelik cinsel saldırganlığa "cinsel istismar" adını vererek, olayı dilde de olsa yumuşatmamak gerektiği görüşündeyim. Cinsel istismar denen her şey aslında taciz veya tecavüz kapsamında ele alınmalıdır. Konunun öneminden ötürü bu ayrımın niçin gerektiğini aşağıdaki başlık altında inceleyeceğiz.

"Cinsel İstismar"ın İstismar Kavramından Çıkarılması Gerekliliği

Yetişkin bir erkek para veya evlilik vaadiyle yetişkin bir kadını cinsel yönden istismar eder, onun duygularıyla oynar, ondan cinsel anlamda yararlanırsa burada, cinsel potansiyelin kandırma yoluyla kötüye kullanılması, istismar edilmesi sözkonusudur. Böyle durumlarda özne çocuksa, çocuk istismarı ifadesi yanlıştır. Çünkü gerek sağlıklı yetişkinlerin gözünde gerekse biyolojik anlamda çocukta bir cinsel potansiyel yoktur ve olmayan bir potansiyelin kötüye kullanılması sözkonusu değildir. "Çocuğun cinsel istismarı" denen şey düpedüz taciz veya tecavüzdür. Tacize, tecavüze, "cinsel istismar" dediğimizde olayı, istemeden yumuşatmış oluruz.

"İstismar eşittir taciz-tecavüz" düşüncesi çok yaygındır. Bilimsel yayınların yanı sıra, basında da taciz-tecavüz yerine "istismar" kavramı kullanılmaktadır. Google'a girip "istismar" yazdığınızda önünüze yoğun şekilde küçük çocuklara tecavüz vakaları sıralanır. Bütün bunlar, sağlıklı yetişkinleri korkutan ve iğrendiren taciz, tecavüz gibi sert bir terim kullanmaktansa, olayı "istismar" diyerek yumuşatmak, geçiştirmek gayretinin bir ürünüdür. Bu yumuşatma tavrı, insanları korkutan başka olaylar için de geçerlidir. Günümüzde kanser demek insanları kaygılandırır; bunun yerine "kötü hastalık" denir genelde. Bunu yapanlar, farkında olmadan büyüsel bir davranış sergileyerek olayları kontrol etmeye çalışırlar. Benzer şekilde, eskinin korkutucu hastalığı olan tüberküloza büyüklerimiz verem demek yerine, "ince hastalık" veya *derd-i deva napezir* derlermiş. İnce hastalık veremin yumuşatılmış şeklidir; *derd-i deva napezir* ise çaresi, panzehri olmayan hastalık demektir. Kansere kötü, vereme çaresiz hastalık demek dilin bir oyunudur; kullananı biraz olsun rahatlatır, kaygısını bir dirhem olsun azaltır.

Benzer şekilde, "çocuğa taciz-tecavüz" demek yerine "çocuk istismarı" demek de, söyleyenin kaygısını biraz olsun azaltır, olayı –sözde– yumuşatır; en azından korkunç bir olayı, söylenebilir hâle getirir.

Bu tanım, vahim bir olayı yumuşatmanın yanı sıra bir başka sakınca daha ortaya çıkarır. "İstismar eşittir taciz-tecavüz" demek, çocukların okutulmayıp dilendirilerek istismar edildiği olayların korkunçluğunu göz ardı etmeye neden olur. Tecavüzün kabul edilemez ağırlığı yanında, çocuğu dilendirerek istismar etmenin daha hafif, kabul edilebilir bir şey olduğu duygusunu verir insanlara.

Bu durumda kişisel tercihim, "istismar" tanımından cinsel istismarı çıkarmaktır. Çocukların istismar edilmeleri ayrı bir olaydır, tacize-tecavüze uğramaları bambaşka bir olay. İstismar ile taciz-tecavüz arasında nitelik farkı vardır.

Cinsel istismar dendiğinde kavram kargaşası yaratılıyor. Güçlü bir yetişkinin çocuğun güçsüzlüğünden yararlanıp tecavüz etmesine cinsel istismar deniyor. Ancak güçlü bir yetişkinin daha güçsüz bir yetişkine tecavüz etmesine cinsel istismar değil tecavüz deniyor. Oysa bu duruma da "cinsel istismar" denmeliydi; denmediğine, yalnızca tecavüz dendiğine göre, çocuklara yönelik tacize-tecavüze de "cinsel istismar" demek yerine, dilimize ve zihnimize acı gelse de doğrudan "taciz-tecavüz" demek gerekir.

Çocuk istismarının içinde çocuğun saflığından, güçsüzlüğünden yararlanıp onunla alay etmek, ona kötü davranmak, hakaret etmek, onu küçük yaşta evlendirmek, okutmamak, dilendirmek, eline bir bez verip araba camlarını sildirmek, kazandığı parayı elinden almak düşünülmelidir.

Tacizin de çeşitli yolları vardır; bir ülkenin savaş uçaklarının diğer ülkenin uçaklarını havada taciz etmesi ya da gürültü yaparak komşuyu taciz etmek gibi. Taciz türlerinden en can acıtanı, en ahlak dışı olanı, çocuklara veya yetişkinlere yönelik cinsel tacizdir.

Bu noktada bir şeyi vurgulamakta yarar var; kızları küçük yaşta evlendirmek, diğer istismar türlerinden farklı bir yapıya sahiptir. Çocuğu evlendirmek anne-baba için bir istismar sayılabilir; aile bu durumdan maddi çıkar sağlamaktadır. Çocukla evlenen yetişkin eğer bir erkekse, olay adalete intikal ettiğinde bu erkek tecavüzden yargılanır; kızın anne-babası da ayrıca yargılanır. Kanımca kızın anne-babası, çocuklarını sadece istismar etmiş gözükseler de aslında sözde damatlarına, bir anlamda âdeta yardım ve yataklık etmektedirler. Bu duruma rağmen küçük yaştaki kızları oyundan, okuldan alıp evlendirmeyi, dilendirme benzeri istismar sayma yanlısıyım. Taciz ve tecavüz bu tür olaylarda istismara artı bir faktör olarak düşünülebilir.

Bu kitap içinde istismar kavramını, cinsel içerikli tacizden ve tecavüzden arındırarak kullanmak istiyorum. İstismarda bir kişinin iyi niyetini, parasını, duygularını, sevgisini, çıkar amacıyla kötüye kullanmak sözkonusudur; istismar ayrı bir başlık altında, taciz ve tecavüz ise ondan ayrı bir başlık altında ele alınmalıdır.

GENEL İSTİSMAR TÜRLERİ

Bir önceki bölümde çocuklara yönelik ihmalin ve istismarın sınırlarını çizmeye çalıştık. Bu bölümde ise istismar kavramını, çocuklar dahil yaşamın tümüne genelleyerek ele almak istiyorum. Bu açıdan baktığımızda yaşamdaki istismar türlerini şöyle sıralayabiliriz:

1. Aile içinde istismar:

- Anne-babanın çocuğa yönelik istismarı.
- Dedenin-ninenin, anne-babaya yönelik istismarı.
- Küçük yaştaki çocukların anne-babaya yönelik istismarı.
- Yetişkin yaştaki çocukların aile büyüklerine yönelik istismarı.
- Karı-kocanın birbirine yönelik istismarı.
- Kadına/anneye yönelik istismar.

2. Bir kurum/şirket içinde istismar:

- Patronların, amirlerin çalışanları istismarı.
- Çalışanların patronlarını, amirlerini istismarı.

3. Ülke çapında istismar:

- Devletin vatandaşı istismarı.
- Vatandaşın devleti istismarı.

4. Edebiyatta İstismar

1. Aile İçinde İstismar

Anne-babanın çocuklarına yönelik istismarlarını bir önceki bölümde ele aldık, ana konumuz bu olmadığı için sözkonusu çocuk istismarını kısaca geçtik.

Ailelerde, özellikle üç kuşağın birlikte yaşadığı ailelerde dedeler-nineler orta kuşağa, yani çocukların anne-babalarına yönelik istismar sergileyebilirler. Örneğin evli barklı oğlunu dövmeye kalkışan hatta döven babalar vardı, hâlâ var (Gençlerin bana anlattıkları bazı örneklere dayanarak söylüyorum bunu). Gelinlerini sürekli baskı altında tutan, onları saldırganlığa yakın bir üslupla eleştiren, emeklerini sömüren kayınvalideler de var.

Ayrı oturuyor da olsalar dedeler-nineler evli oğullarına ya da kızlarına, daha çok duygu sömürüsü yoluyla baskı yaparlar. Gecenin bir yarısında eşiyle evinde uyumakta olan çocuklarına telefon edip, "Ay ben çok kötüyüm, kalbim çarpıyor, kalp krizi geçiriyorum galiba," diyen anne-babalar vardır. Daha da vahimi, evli olan çocuklarını gittikleri düğünde, eğlencede, tiyatroda telefonla arayıp eve çağıran büyükler, daha çok da büyükanneler vardır. Çoğunlukla da hekim kontrolü sonunda önemli fiziksel bir sorunları olmadığı anlaşılır.

Peki niçin böyle yaparlar? Belki bazıları bunu, çocuklarını eşlerinden kıskandıkları için sürekli onların yaşamlarına nüfuz etme isteğiyle yaparlar. Galiba büyük çoğunluk ise kendini yalnız hissettiği için yerli yersiz ilgi talebinde bulunur. İlgi isteği, giderek orta yaşlı çocuklarını istismara dönüşür.

"Nerem ağrımıyor ki?"

Hekimler kendilerine başvuran yaşlılara nerelerinin ağrıdığını sorduklarına, sık sık, "Aman yavrum nerem ağrımıyor ki" cevabını alırlar. Aslında bu dedelerin, ninelerin bir yerleri zaman zaman elbette ağrıyordur. Ancak genelde nerelerinin, nasıl ağrıdığını kendileri de bilmezler. İnsanlar uzun yaşadıklarında çocukluklarındaki, gençliklerindeki akrabalarını, arkadaşlarını birer birer kaybetmeye başlarlar. Üstüne üstlük, işi gücü olan yetişkin yaştaki çocukları; dersleri, sosyal medyaları olan, yaşıtlarıyla arkadaşlık etmek isteyen torunları da onlarla yeterince ilgilenmemektedir. Muhtemelen bu yüzden, "Nerem ağrımıyor ki" dediklerinde, aslında farkında olmadan, "Ben kendimi yalnız, işe yaramaz hissediyorum," demeye çalışırlar. Yalnızlık duygusuyla baş etme çabaları ise giderek çocuklarının duygularını, enerjilerini istismara dönüşür.

Yetişkin yaştaki çocuklar da anne-babalarını, dedelerini, ninelerini istismar ederler. Örneğin onların emekli ikramiyelerine, maaşlarına karşı talepkâr olurlar; onlara karşı öfkeli davranırlar; elli yıldır kullandıkları, artık bağımlı oldukları eşyalarını onlardan habersiz atmaya çalışırlar. Bu konuyu izleyen bölümde ele alacağız.

Aile içindeki istismar türlerinden biri de karı-kocanın birbirini istismar etmesidir

Bazı kadınlar ve erkekler iş bulamadıkları için iradeleri dışında aile bütçesine katkıda bulunamıyor olabilirler. Bu durum istemdışı bir istismardır. Ancak ister kadın ister erkek olsun, eşlerin çalışmamayı tercih etmeleri bilinçli bir istismar sayılabilir. Ev dışında çalışıp para kazanabilecek, dolayısıyla kendini geliştirebilecek bir kadının çalışması kocası tarafından engellenirse, bu da bir istismardır. Eşlerin sürekli ve yoğun şekilde öfkelenmeleri, birbirlerini yetersizlikle suçlamaları da istismardır. Örneğin bazı kadınların, ima yoluyla da olsa, daha çok kazanan başka erkekleri örnek gösterip eşlerini az kazanmakla suçlamaları, yine erkeğe çaresizlik hissettiren bir istismar şeklidir.

Eşler arasındaki istismara az ya da çok miktarda çoğu ailede rastlamak mümkündür. Fakat sözkonusu istismarda galiba, kadınların payına düşen istismar edilme oranı daha yüksektir. Kadının kocası tarafından sözel, fiziksel şiddete maruz kalması ve uç noktada kocası tarafından öldürülmesi, toplumsal infial uyandıran istismar türüdür. Kadın istismarının simgesi Mor Çatı Evleri, gözleri ve vücutları kocaları tarafından morartılan kadınlar için kurulmuştur.

Emine Bulutların bulutlar gibi kayboldukları bir dünyada yaşamak

Son on iki yıldır kadın cinayetleri, özellikle kocaları tarafından öldürülen kadınların sayısı, devlet istatistiklerine göre, yüzde 500'ün üzerinde artış göstermiştir. Özellikle kadınların şiddet gördükleri eşlerinden boşanmak istemeleri, bazı magandaları çıldırtmaktadır. Ama bu erkeklerin çoğu bir çılgınlık anında değil, önceden tasarlayarak / taammüden karısını tabancayla veya bıçakla öldürmektedir. Devletin eski kocaya uzaklaştırma, kadına da koruma verdiği bazı vakalar var. Tüm bunlara rağmen çocuğunun gözü önünde önce polisi sonra karısını vurup öldürenler de var. Ağustos

2019'da Emine Bulut, eski kocası tarafından, kızının yanında bıçaklı saldırı sonucunda öldürüldü. Annesi ölmeden önce küçük kızın söylediği, "Anne lütfen ölme" cümlesi, kara/kızıl bir leke olarak toplumsal belleğe kazındı (Emine Hanım, muhtemelen kocasının desteği olmadan tek başına, kızını o kadar güzel yetiştirmiş ki küçük kız, hayatının en büyük şokunda, "Anne ölme" demedi, "Anne lütfen ölme" dedi). Kadın cinayetleri niçin artıyor? Bunu başlı başına bir kitap konusu olarak ele almak gerekir. Konu çok değişkenlidir. Emine Bulut cinayetini izleyen günlerde, televizyondaki bir açık oturumda bir kadın konuşmacı o günün İçişleri Bakanı'na, "8 Mart'ta Dünya Kadınlar Günü'nde Taksim'de, sadece kadın haklarını vurgulamak için yürüyüş yapan kadınlara polisin sert bir şekilde müdahale etmesi ile kadın cinayetleri arasında bir ilişki var mı?" diye sordu. Bakan ise arada hiçbir ilişki bulunmadığını söyledi. Acaba gerçekten ilişki yok mu? Erkek egemen düzenin mantığını temel alarak, bu tür olayları enine boyuna incelemek, irdelemek gerekir.

2. Kurum/Şirket İçinde İstismar

Birinin iyi niyetini kötüye kullanmanın, onun emeğini, parasını, duygularını, farkında olarak ya da olmayarak sömürmenin istismar olduğunu söylemiştik. İş yerlerinde bu tanıma uyan pek çok davranışa rastlamak mümkündür. Bu davranışları iki grupta toplayabiliriz: Birincisi patronların, amirlerin çalışanları, elemanları istismar etmesidir. İkincisi ise çalışanların patronlarını, amirlerini hatta iş arkadaşlarını istismar etmeleridir.

Bazı patronlar sigortasız eleman çalıştırarak, elemanlarına hak ettiklerinden düşük ücret vererek, ücretlerini gününden geç ödeyerek, zaman zaman onları işten atmakla tehdit ederek, pek yaygın bir istismar şeklini gerçekleştirirler. Bazen de bazı maden ocaklarında olduğu gibi kaçış odası yapmayarak; işçilerine tarihi geçmiş, çürümüş maskeler vererek onları istismar eder, istismarın da ötesinde onların hayatlarını hiçe sayarlar.

Bazen de bazı çalışanlar patronlarını, amirlerini, ekmek yedikleri kurumları; işlerini özensiz yaparak, argo ifadeyle işten kaytararak, malzemeyi, suyu, elektriği israf ederek istismar ederler. İşverenler ile çalışanlar arasında bazen açıkça, bazen de örtülü bir şekilde güç gösterisi yaşanır; her iki taraf ötekini âdeta kafa-kola almaya çalışır. Çocukluğumdan beri basında izlediğim olay şudur: Anladığım kadarıyla anlaşmak için masaya oturduklarında, işverenler minimum ücret maksimum performans, işçiler ise tam tersine maksimum ücret minimum performans talep ediyorlar. Oysa Aristo'dan öğrendiğimiz kadarıyla "erdemli olan orta yoldur." İşçinin grev hakkı, şu ya da bu yolla, özellikle güdümlü grev kırıcılarla engellenmemeli; işçi ise çalıştığı işi kendi işi gibi benimsemeli, hakkını alabilmeli, sonuçta kazan-kazan-kazandır* olmalıdır.

İşyerlerinde bezdiri (mobbing) ise bir kişinin veya bir grubun, bir bireye veya bir gruba yönelik, zaman zaman fiziksel müdahaleye de kayan psikolojik şiddetidir; onurlu bir şekilde çalışma hakkını engellemedir, bu yüzden bir tür istismar sayılabilir.

Emeğin, iyi niyetin, saflığın istismarı büyük şirketlerden evlere, toplumun hemen her kesiminde karşımıza çıkabilir. Gençliğimden hatırladığım bir olayı ilk kez anlatmak istiyorum.

* Kazan-kazan-kazandır mantığı, ticarette veya herhangi bir uzlaşmazlıkta, masaya oturan her iki tarafın da kazanması, aynı zamanda üçüncü şahısların, yani toplumun, doğanın, çocuklarımızın da kazanması anlamına gelir.

İkram mı istismar mı?

On sekiz yaşımdayken bir tatil beldesinde kızlı erkekli bir grup gencin içindeydim. Yan sitede oturan yüksek tahsilli bir karı-koca, bebeklerine baksın diye yanlarında on üç-on dört yaşlarında bir kız çocuğu getirmişlerdi. Bu kız, evde ve sokakta bebekle ilgileniyordu. (Şimdilerde bir ailenin para için on dört yaşındaki çocuğunu böyle bir işe sokmasını "istismar" olarak tanımlıyoruz ancak o yıllarda böylesine durumlar doğal kabul edilirdi.) Bir gün bebek uyurken bu bakıcı kız, grubumuzdaki üniversite öğrencisi kız arkadaşlarımızdan birinin saçını kendi isteğiyle özenle taradı. Diğer kız arkadaşlarımız da bakıcı kızın saçını taradı, onunla ilgilendi. Daha sonra bu bakıcı kız yanımızdan ayrıldığında patronu, yani bebeğin babası, kız arkadaşlarımıza, "Çocuklar çok iyi yaptınız, arada böyle ilgilenin onunla; burada arkadaşı yok, siz ilgilenince rahatlıyor, bebeğimize iyi bakıyor. Aksi hâlde kendini yalnız hissediyor, bebeğe hoyrat davranıyor," dedi. Ben bir an o amcanın bakıcı kızı düşündüğünü zannetmiştim ancak az sonra onun aslında kendini ve çocuğunu düşündüğünü, bencillik ettiğini fark etmiştim. Aramızda konuştuğumuz zaman diğer arkadaşlarımın da o amcayı bencil bulduklarını gördüm. Gençtik ancak aklımız ve ferasetimiz yerindeydi, adını koymadan ortada bir istismar olduğunu fark etmiştik.

3. Ülke Çapında İstismar

Ülke çapındaki istismarı; devletin vatandaşı istismarı ve vatandaşın devleti istismarı şeklinde iki farklı başlık altında ele almak istiyorum.

Devletin/Toplumun Vatandaşı İstismarı:

Tarih boyunca pek çok devlet ve imparatorluk vatandaşını istismar etmiştir. Günümüzde de diktatörlükler, tamamen demokratik gözükseler de batılı devletler, vatandaşlarını istismar etmektedirler. Nasıl? Pek çok yolla.

Eskinin meydan savaşlarında genellikle askerlere kiminle savaştıkları söylenmezmiş. Karşı tarafta kendi dilinden, dininden birilerinin bulunduğunu öğrenen askerlerin cansiparane savaşmamalarından endişe edilirmiş. Örneğin Malazgirt Meydan Savaşı'nda Bizans ordusunda (az sayıda da olsa) Balkanlardan getirilmiş, Türkçe konuşan paralı askerler vardı. Bunlar savaş başlamadan kiminle savaştıklarını bilmiyorlardı ancak rivayete göre savaş sırasında karşılarında kendileriyle aynı dili konuşanların bulunduğunu anlayınca taraf değiştirdiler. Kaynaklara göre Çaldıran Savaşı öncesinde Sultan Selim'in başkanlığında toplanan savaş meclisinde tüm vezirler askerin çok yorgun olduğunu, asker birkaç gün dinlendirildikten sonra savaşılmasını önerdiler. Defterdar Mehmet Bey ise Osmanlı askerinin kiminle savaşacağını bilmediğini, savaş öncesinde askerin birkaç gün dinlendirilmesi hâlinde, kiminle savaşacaklarını büyük ihtimalle öğreneceklerini, karşı grupla benzer inançları paylaşan bazı Osmanlı askerlerinin savaşmaya istekli olmayacaklarını, bu yüzden askere dinlenme süresi vermeden hemen ertesi sabah savaşa başlanması gerektiğini söyledi. "Sancaklar açılıp kösler dövülünce asker yorgunluğunu unutup dirilir," diye ekledi. Padişah ise, "İşte yegâne rey sahibi adam; yazık ki vezir olamamış," dedi.

Müzik, tarih boyunca savaşta askerleri canlandırmanın, motive etmenin –argo deyimle doldurușa getirmenin– vazgeçilmez bir unsuru olmuştur. Afrika'daki savaşlarda tamtamlar, davullar çalınırdı. Araplar ise davul ve nefesli sazlar kullanırdı. Gayda, barışta ve savaşta İskoçlar, Bulgarlar, Makedonlar tarafından kullanılan nefesli bir çalgıydı. Orta Asya Türkleri savaşta askerleri yüreklendirmek için davul, kös (çok büyük davul), zurna kullanırlardı; davul ve zurna yağlı güreşlerde pehlivanlara coşku veren sesti. Selçukluların, Osmanlıların mehterleri de Avrupa bandolarına ilham veren, özellikle savaşta askerleri motive etmede kullanılan unsurlardı.

Savaşlarda davul, mehter ya da bando çalınmasının tamamen bir istismar, bir dolduruşa getirme olduğunu şüphesiz ki söyleyemeyiz. Ülkelerini güçle savunmaları, özellikle savaş alanlarında hayatta kalabilmeleri için askerlerin savaş motivasyonlarının artırılması gereklidir. Ancak bütün savaşların ülke savunması için yapıldığını da söyleyemeyiz. Ülke savunması için yapılan savaşlar vardır fakat Romalıların, Cengiz Han'ın, Napolyon'un, Hitler'in sadece ülkelerini savunduklarını söylemek zor. Tarihte diktatörler, ihtiraslı komutanlar, ün, ganimet, para, esir –özellikle de kadın esirler– için pek çok savaş yapmışlardır. Bu durumda, en azından bazı savaşlarda kullanılan müziklerin, askerlerin duygularını istismar anlamı taşıdığı söylenebilir.

Tarih boyunca pek çok toplum, belki de bütün toplumlar, ailenin kutsal bir şey olduğunu düşünmüştür. Bence bu samimi ve istismar kırıntısı taşımayan bir bakış açısıdır. Ancak yine tarihte krallar, padişahlar, imparatorlar da ailenin kutsal olduğu fikrini desteklemişlerdir. Galiba bu tavrı bir istismar sayabiliriz. Gücü ellerinde bulunduranlar bir ihtimal toplumu denetim altında tutabilmek, özellikle erkekleri zapturapt altına alabilmek için ailenin kutsal olduğu fikrini savunmuşlardır. Çünkü karısı ve çocukları olan bir adamın isyan edip dağa çıkma ihtimali, bekâr adamın dağa çıkma ihtimaline göre oldukça düşüktür. Bu durumda kralların, padişahların vatandaşlarına, "Evlenip kutsal birer yuva kurun," iletisini vermeleri kendi açılarından pek akıllıca olmuştur. Oysa ailenin kutsallığını savunan krallar, padişahlar acaba özel yaşamlarında ailenin kutsallığını yaşamışlar mıdır? Çoğunluğu hayır. Kralların metresleri, padişahların cariyeleri vardı (Avrupa'daki bazı şatoları gezdiğinizde, şato sahibi karı-kocanın ayrı yatak odaları olduğunu görürsünüz. İkisi de kendi odalarında kendi sevgilileriyle yatarlarmış). Galiba krallar ve padişahlar, "Aile halkımız için kutsal bir kurumdur; biz bu kutsallıktan muafız," diye düşünüyorlardı.

İşte bu mantıkla olaya makro düzeyde baktığımızda, ailenin kutsallığını savunan üst düzey yöneticilerin samimiyetlerini sorgulamak ve yönettikleri insanların temiz duygularını istismar ettiklerini düşünmek mümkündür. Aile kurumu gerçekten kutsal olabilir ancak bunu söyleyenlerin art niyetleri, kişisel çıkarları olmamalıdır. Ülkemizde ve dünyada pek çok kişi, bir çıkar gözetmeden ailenin kutsallığına inanıyor. Bu kabul edilebilir bir şeydir. Ancak bir erkek çıkıp, "Benim ailem, karım kutsaldır; bu yüzden, ben karıma ne kadar eziyet edersem edeyim karım benden boşanamaz, boşanmaya kalkışırsa onu vururum," demediği müddetçe, aileyi kutsal kabul edebiliriz.

Ailenin kutsallığı konusunda yöneticilerin ve toplumun birtakım çelişkileri var. Bunlardan birini şöyle ele alabiliriz:

"Aile kutsaldır, kocasından şiddet görüp boşanmak isteyen kadın antikutsaldır. Kutsallığı bozmaya çalıştığı için öldürülmelidir."

"Aile kutsaldır" diye savunan bazı maganda erkekler yukarıdaki başlıkta dile getirilen –mantıksız– mantıkla kendilerinden boşanmak isteyen eşlerini öldürüyorlar. Bu erkekler, "Aile kutsaldır, karım namusumdur, beni terk edemez, aile birliğimizi bozamaz. Ben ondan boşanıp bir başkasıyla evlenebilirim ama o boşanmış bile olsak hiç kimseyle evlenemez," diye düşünüyorlar. Ailenin kutsallığı fikri başlangıçta kulağa hoş gelse de aile içinde kriz ortaya çıktığında, "kutsallık" şablonu kadına zarar vermektedir. Sonuçta ailenin kutsallığının inadına, bencilce savunulması kadının aleyhine olmakta, toplumun dengesini bozmaktadır.

*Ay Kapanı** adlı romanımda, kereste tüccarı Hamza Bey ile eşi Aysel Hanım boşanmışlardır. Olabilir. Hamza ikinci bir evlilik yapmış, yeni bir yuva kurmuştur. Olabilir. Ancak Hamza Bey, yıllar önce boşandığı eşinin de evleneceğini duyduğunda çok sinirlenir, onu öldürmekle tehdit eder. İşte bu çifte standart bir zorbalıktır, istismardır. Olamaz, olmaması gerekir.

Devletin vatandaşı istismarı konusundaki bir başka örnek, dünyanın pek çok ülkesinde yöneticilerin kısa vadeli kârlar karşılığında halkın sağlığını, doğal kaynakların temizliğini, geleneksel tohumların varlığını göz ardı etmeleridir. Bu durum Batı ülkelerinde bir miktar; gelişmemiş Asya ve Güney Amerika ülkelerinde ise daha yoğun biçimde or-

* Dökmen, Ü. (2019), *Ay Kapanı*. İstanbul, Doğan Kitap.

taya çıkmaktadır. Bir ülkede yerli tohumların yasaklanması, köylünün ithal tohuma mecbur bırakılması bu konuda verilebilecek örneklerden biridir.

Vatandaşların yöneticiler tarafından istismar edilmesi konusundaki bir başka örnek ise gündemi değiştirmek ve toplumu yalnızca avutmak amacıyla yönetenlerin –kendilerince küçük beyaz– yalanlar söylemeleridir. Geçen yüzyılda bir diktatöre, Salazar'a atfedilen şu söz insanların uyutulmalarına, istismar edilmelerine çok güzel bir örnektir. Şöyle demiş diktatör:

"Ben ülkemi 3F ile yönetiyorum: Futbol, fado, fiesta."

Ben küçükken bazen üst düzey bir yetkili çıkıp, "Şu mala zam gelmeyecek," açıklamasında bulunurdu. Bunu duyan babam da hemen, "Aman oğlum ondan hemen alalım," derdi. Ben, "Alma baba, zam gelmeyecekmiş," diye yanıt verirdim. Babamın karşılığı, "O söyledikleri işin aranağmesi," şeklinde olurdu. Ve kısa süre içinde söylediği gibi o mala zam gelirdi.

Toplumu uyutmak için kullanılan bir başka kavram ise aranağmeye benzeyen "yem borusu çalma" kavramıdır. Önce, şimdilerde artık unutulmuş ancak 1970'li yıllara kadar büyüklerimizin kullandıkları bir kavram olan yem borusu çalmanın ne olduğuna bakalım.

Yem borusu çalmak

Rivayete göre eskiden katanalar deniz aşırı gemilerle taşınırmış*. Yem zamanı geldiğinde gemide yem borusu çalınır, katanalar sakinleştirilir, seyisler de onlara çuvallarla yem verirmiş. Yine böyle bir sefer sırasında, denizin ortasında –olmaz ya, olmuş işte– yem bitmiş. Belli aralıklarla yem yemeğe alışmış katanalar zamanı geçip

* Katana, top benzeri ağır şeyleri çekmede kullanılan iri atlara verilen isimdir.

de yem gelmeyince, huysuzlanıp tepinmeye başlamışlar. Bu iri atların tepinmesi gemiyi tehlikeye sokmuş. Bunun üzerine kaptan yem borusu çaldırmış; katanalar "yem geliyor" düşüncesiyle sakinleşmişler. Ancak bir süre sonra yem gelmeyince yine tepinmeye başlamışlar. Kaptan bu yöntemle, ara ara yem borusu çaldıra çaldıra gemisini karaya salimen ulaştırmış. "Yem borusu çalma" deyimi işte böyle çıkmış ortaya. Asılsız vaatlerde bulunarak insanları sakinleştirmeye "yem borusu çalmak" demişler. Yem borusu çalma olayı, atlar için masum bir hile sayılsa bile, aslında bir tür istismardır. İnsanlara yem borusu çalmak ise haydi haydi istismardır.

Dünyada bazı ülkelerde üst düzey yöneticilerin –ki bunların sayısı çoktur– özellikle seçimlerden önce şu tür müjdeler verdiklerini duyarsınız:

"Yakında çalışanların ücretlerine ciddi miktarda zam yapılacak."

"Enflasyon düşecek, her şey ucuzlayacak."

"Bu yıl ihracatta, turizmde patlama bekliyoruz."

"Petrol bulduk."

"Büyük doğalgaz rezervleri bulduk, yakında bu konuda dünya birincisi olacağız."

Daha sonra bu müjdeler gazete sayfalarında kalıp da gerçekleşmeyince, insanları avutmak amacıyla birer yem borusu çalındığını ve insanların umutlarının istismar edildiğini düşünürüz.

Vatandaşın Devleti İstismarı

Büyük küçüğü istismar eder de küçük büyüğü etmez mi? Eder tabii; küçük küçük karıncalar gibi sürekli... Çocukluğumuzdan beri şu sözü duymuşuzdur: "Devletin malı deniz, yemeyen domuz." Bu sözde, devleti istismar etmenin ve devlet malını çalmanın doğal olduğu ifade edilmektedir. Bizden önceki kuşaklar ise, "Çaldımsa da miri (zengin) malı çaldım," derlermiş. Burada sözkonusu olan zengin vatandaş da olabilir, devlet de.

90'lı yıllarda ülkemizde "hortumlama" diye bir kavram çıktı; devletin kasasını ve bankaları hortumlayan, para çalan yüzlerce hortumcu vardı. Hortumcular görünürde kibar, güven verici kişilerdi. Herkes hortumculara kızıyordu. O yıllarda Ankara Üniversitesi Siyasal Bilgiler Fakültesi'ni ziyaret eden bir bakana öğrenciler, hortumcuları koruduğuna inandıkları için eleştiri niyetiyle bir hortum parçası hediye etmişlerdi.

İşte bu sıralarda şunu fark ettiğimi hatırlıyorum; evet, ülkemizde yüzlerce hortumcu vardı ama yüz binlerce de pipetçi vardı. Bu görüşümü çeşitli ortamlarda ifade ettim, hortumcuların yanı sıra pipetçileri de eleştirdim.

Pipetçi nedir? Bu kavram bendenize aittir. O yıllarda, bir mal aldığınız zaman ayrıca KDV'sini ödeyip karşılığında da bir fiş alırdınız. Fiş kesen satıcı da devlete vergi ödemek zorundaydı. Ancak pek çok alıcı fazladan KDV ödememek için fiş almazdı, satıcı da devlete vergi ödemezdi. Yani alıcı ile satıcı anlaşıp devleti kazıklardı. Şu türden iletişimlere pek çok yerde rastlardınız:

"Bu kaç lira?"

"11 lira."

"Fiş almazsam kaç lira olur?"

"10 lira."

İşte bu noktada alıcı ve satıcı o bir lirayı, adeta pipetle içlerine çekmiş olurdu. Ben de bu tür alışveriş yapanlara "pipetçi" demiştim. Herhalde o yıllarda çok sayıda pipetçi akşamları televizyon haberlerinde izledikleri hortumculara bakıp, "Abi şuraya bak, biz günde birkaç liraya talim ediyoruz, bu şerefsizler milyonla götürüyor," diyorlardı. Bence kızgınlıklarının bir kısmı ülkelerini sevdikleri içindi, bir kısmı ise pipetleyerek üç-beş liradan fazla kazanamadıkları, milyonları götüremedikleri içindi.

4. Edebiyatta İstismar

Pek çok edebiyat eserinde, doğrudan ya da dolaylı, adı açıkça konmadan istismar konusu ele alınmıştır. Çeşitli eserlerde çocuklar anne-babalarını, anne-babalar çocuklarını, erkekler eşlerini, sevgililer birbirlerini, açıkgözler safları, yöneticiler halkı istismar etmişlerdir. Örnekler, tümü sayılamayacak kadar çoktur; birkaç tanesini şöyle hatırlayabiliriz:

Goriot Baba

Bir babanın yetişkin yaştaki çocukları tarafından istismara uğramasına en iyi örnek Balzac'ın *Goriot Baba* adlı romanı olsa gerek. Bu romanı gençken okuduğumda, Goriot Baba'nın saflığına, fedakârlığına, kızlarının ve damatlarının ise doymak bilmeyen talepkârlıklarına ve istismarlarına isyan etmiştim. Konunun asıl ilginç yanı Goriot Baba'nın bu fedakârlığı isteyerek yapmasıdır. İsteyerek yapmıştır ancak sonuçta mağdur olmuş, bir pansiyonda yapayalnız ölmüştür.

Cimri

Molière'in *Cimri*'sinde, varlıklı ama cimri baba çocuklarına bir kuruş vermez. Çocukları bir yana Cimri, seyisinin onlara verdiği yemi gizlice çalmaya çalışarak atlarını da istismar eder.

Notre Dame'ın Kamburu

Victor Hugo'nun Quasimodo'su toplum tarafından istismar edilir. Yine bu eserde Engizisyon mantığının kaba ve mantıksız gücü insanlara işkence ederek onları istismar eder.

Jack

Alphonse Daudet'nin bu eserindeki zayıf karakterli erkek şair; sevgilisinin oğlunun, yani üvey oğlunun kendisinden daha iyi şiir yazdığını fark ederek onu iteler, öteler, istismar eder, âdeta yok etmeye çalışır.

Nora: Bir Bebek Evi

İbsen'in bu tiyatrosunda, babası Nora'ya evlenmeden önce çocuk gibi davranmıştır. Evlendikten sonra bu sefer kocası Helmer onu çocuk yerine koyar, örneğin dişlerini bozabilir diye bisküvi yemesini yasaklar, akılcı davranışlarını bile kısıtlar.

Kral Lear

Shakespeare'in bu oyununda Kral Lear, hesapsız planı yüzünden, kendi isteğiyle iki kızına (küçük kızı Cordelia'nın ablalarına) iktidarı teslim etmiş ancak onlar tarafından ortada, sefalet içinde bırakılmıştır.

Karamazov Kardeşler, Suç ve Ceza

Dostoyevski'nin bütün eserleri... Ama bunlar içinde özellikle *Karamazov Kardeşler* ve *Suç ve Ceza*'da, şu ya da bu nedenle insanların istismara ve saldırıya uğramaları, Euripides'in uzak zamanlardan gelen karanlık gölgeleri altında bir insanlık trajedisi olarak anlatılır.

Ölü Canlar

Gogol'un *Ölü Canlar* adlı eserinde, toplumun çok ileri düzeyde istismar edilmesi sözkonusudur. Bu eserde açıkgözler ölülerin sırtından para kazanmaya çalışır. Günümüzde bazı ülkelerde ölülerin adlarının seçim listelerine yazılıyor olması ya da insanların ölmüş büyüklerini bildirmeyip onların emekli maaşlarını almaya çalışmaları, aradan yüz yılı aşkın süre geçse de bir zamanların ölü canlar atmosferinin yılandan yün kırpmak misali hâlâ yaşadığını gösterir.

Oliver Twist

Bu romanda bir zamanların Londra'sında insanların, özellikle çocukların, yaşadığı istismar âdeta kamerasız bir belgesel çeken Charles Dickens'ın kaleminden anlatılmıştır.

Gazap Üzümleri

Steinbeck'in bu romanı, kapitalist sistemin acımasızlığını yansıtan bir eserdir. Şeftali bahçelerinin sahipleri, gerekenin çok üzerinde iş ilanı vererek, binlerce kişinin uzaklardan koşup gelmesini sağlar. Ardından ilk gelen işçilere vadettikleri ilk ücreti sürekli düşürürler. Onlar da bu durumu ya kabul eder ya da işi bırakırlar; işi bıraktıklarında patron sıkıntıya düşmez. Zira düşük ücrete razı çok kişi kapıda beklemektedir. Öte yanda fiyatlar düşmesin diye meyve fazlası ırmağa dökülür. Aç insanlar bu meyveleri toplamasınlar diye ırmak boyunda güvenlik kuvvetleri dolaşır.

Cennetin Doğusu

Steinbeck'in bu romanında ise kardeş kıskançlığından kaynaklanan kardeşler arasındaki istismar ve şiddet, derinlemesine biçimde ahlaki açıdan ele alınır.

Uçurtma Avcısı ve Bin Muhteşem Güneş

Halid Hüseyni'nin bu iki romanı insanların, özellikle kadınların istismar edilmeleri konusunda dünya edebiyatının önemli eserlerindendir.

Bilge Kan

Flannery O'Connor'ın bu romanında, Batı'da toplumu ve rakiplerini istismar eden vaizler ele alınmıştır.

Türk Edebiyatının İstismara Uğrayan Kahramanları

İnce Memed, Güniz ve Diğerleri

Türk edebiyatında da çok sayıda istismara uğrayan mağdur kahraman vardır. Örneğin Hüseyin Rahmi Gürpınar'ın, Ömer Seyfettin'in, Ahmet Hamdi Tanpınar'ın, Halide Edip Adıvar'ın, Reşat Nuri Güntekin'in, Yakup Kadri Karaosmanoğlu'nun, Peyami Safa'nın, Fakir Baykurt'un, Orhan Kemal'in, Kemal Tahir'in, Ayla Kutlu'nun, Cengiz Aytmatov'un, Zülfü Livaneli'nin bir çınar gibi köklü-yapraklı edebi eserlerinde; Nazlı Eray'ın, Firuzan'ın, Cahide Birgül'ün, Hakan Günday'ın, Barış Bıçakçı'nın, Mahir Ünsal Eriş'in, Ahmet Ümit'in, Sema Kaygusuz'un, Sezgin Kaymaz'ın, Nermin Yıldırım'ın, Abbas Sayar'ın, Mine Söğüt'ün, Duygu Asena'nın, Sevgi Soysal'ın, Şule Şahin'in, İbrahim Berksoy'un, Gürsel Korat'ın, Halil Genç'in, Özcan Karabulut'un, Fatih Atila'nın romanları, hikâyeleri hepsi ayrı bir tatta, her biri ayrı bir kıyafette; yere gökten inmiş gibisine, hepsi cümle cümle bizimle... Sabahattin Ali'nin *Kuyucaklı Yusuf*'unda, Adalet Ağaoğlu'nun *Fikrimin İnce Gülü*'nde, Yaşar Kemal'in pek çok romanında, özellikle *İnce Memed*'de toplumun, ağanın, düzenin veya anti-kahramanın istismarına uğrayan insanlarla karşılaşırız.

Örneğin İnce Memed köyden kaçar, yakalanır. Bu durum Abdi Ağa'yı çok sinirlendirmiştir. Memed'in annesi ağanın yanına gider, oturup onu dövsün diye umutla bekler. Ağa kadıncağızı dövmez çünkü az sinirlendiği zaman marabasını dövmektedir, çok sinirlenirse daha büyük bir ceza vermektedir. Ağanın, oğlu köyden kaçan bu kadına vereceği ceza dayaktan daha büyük olacaktır. Kışlık buğdaylarını ellerinden alır (ağanın böyle bir hakkı vardır), ana-oğul kışın aç kalınca öküzlerini ağaya satıp buğday almak zorunda kalırlar.

Ülker Köksal'ın *Ademin Kaburga Kemiği* adlı tiyatro eseri de örnek verilebilir. Güniz Hanım'ın emeklilik yaşı gelmiştir. Ancak emekli olmaz; çalışmaya devam ederse işinde terfi edecek, yıllardır beklediği konuma ulaşacaktır. Emekli olursa yüklüce bir emeklilik ikramiyesi alacaktır. Güniz Hanım'ın kocası karısının emekli olmasını istemektedir çünkü borçları yüzünden onun da alacağı ikramiyeye ihtiyacı vardır. Oğlu emekli olmasını istemektedir, çünkü annesinin ikramiyesiyle mastır yapmayı planlamaktadır. Kızı ise annesi emekli olsun, doğacak bebeğine baksın derdindedir. Güniz Hanım, "Kesinlikle emekli olmayacağım, terfi edeceğim," der. Ancak oyunun sonunda onu emekli olmuş, torununa bakarken görürüz. Bu eser, aile içi istismara çok güzel bir örnektir.

Yukarıda çok sayıda yazarımızdan söz ettim; unuttuklarım mutlaka vardır, beni affetsinler. Unuttuklarımın yanı sıra bir tanesinden de bilhassa söz etmedim, o da kendini övüyor demesinler diye.

ANNE-BABALARIN YETİŞKİN YAŞTAKİ ÇOCUKLARI TARAFINDAN İSTİSMAR EDİLMESİ

Kapalı kapılar arkasında sözü edilse bile bazı konuların açıkça telaffuz edilmesi, özellikle yazılması genelde bir tabudur. En azından tatsız bir konudur, bu yüzden de yokmuş gibi davranmayı tercih ederiz. Bunlardan biri de anne-babaların sevgili çocukları tarafından istismara uğramalarıdır. Küçük çocuklar her ne yaparlarsa yapsınlar, bunu istismar saymama yanlısıyım. Ergenlerin çelişkili görünen birçok davranışı vardır; anne-babalarından sürekli olarak bir şeyler talep ederler; bakım isterler, harçlık isterler ama aynı zamanda "Bana karışmayın" da derler. Çelişkili olan bu davranışlar, anne-babayı istismar etme gibi gözükse de istismar saymamaktan yanayım; bunlar ergenlik döneminin, kimlik edinmeyle ilgili kendine özgü çalkantılarıdır.

Elinizdeki kitap kapsamında, bir ailedeki çocukların anne-babalarını istismar etmeleri olayını şöyle tanımlamak istiyorum:

Ergenlik dönemini aşmış, genç yetişkinlik veya yetişkinlik yaşına ulaşmış olan bir kişi, anne-babasını zaman zaman nezaket sınırlarını aşan bir şekilde eleştiriyor, onlara kaba davranışlar sergiliyorsa; onlarla aynı evde yaşadığı hâlde, evin bütçesine katkıda bulunmuyor/bulunamıyor, ev işlerine ufak tefek şekilde de olsa yardım etmiyorsa, onlardan sürekli para istiyorsa, yani anne-babasına maddi açıdan yük oluyor ve onları duygusal açıdan da yıpratıyorsa bu kişinin anne-babasını istismar ettiğini söyleyebiliriz.

Günümüzde, ülkemizde ya da başka ülkelerde iş bulamadıkları ya da işten çıkarıldıkları için aileleriyle birlikte yaşamak zorunda olan gençler var. Yukarıdaki tanımda da ima ettiğim üzere, mecburiyetten doğan bu durum bence bir anne-baba istismarı değildir. Ancak anne-babalarıyla birlikte yaşamak zorunda kalan fakat onlara nazik davranmayan; çamaşır, bulaşık, temizlik gibi ev işlerine hiç el sürmeyen gençlerin anne-babalarını istismar ettiklerini düşünüyorum. Bir genç anne-baba ocağına maddi katkıda bulunamayabilir, şüphesiz ki buna o da çok üzülüyordur, ancak bu genç sözleriyle ve davranışlarıyla anne-babasını rencide etmemelidir.

Anne-Babaların İstismar Edildikleri Konusunda Cılız Yakınmaları

Anne-babaların yetişkin yaştaki çocukları tarafından istismar edilip edilmedikleri, ediliyorlarsa hangi konularda, ne oranda edildikleri konusunda elimizde veri yok. Bu türden veri toplamak da çok zor. Ancak anne-baba istismarlarına ilişkin işaretleri günlük yaşamdaki sohbetlerde yakalamak mümkündür.

Çocukları tarafından istismar edilen anne-babalar bu durumdan cılız bir sesle, belli belirsiz bir tavırla yakınırlar. Bunun nedeni, başka tür istismarlardan farklı olarak anne-baba istismarında anne-babanın istismar edilmeye, kısmen, hatta bazen bütün bütün gönüllü olmasıdır. Bunun da ötesinde bazı anne-babalar istismar edildiklerinin bile farkında değillerdir, çocuklarına karşı verici olmalarının doğal olduğunu düşünürler. Bu durumda, belli belirsiz de olsa istismar edildiklerinin farkında olanlar yalnızca, ancak içten içe haksızlığa uğradıklarını düşünmekte, dışarıya karşı da cılız bir sesle sızlanmaktadırlar. İşte birkaç örnek:

Bazı anneler şöyle der: "Bunca yıl saçımı süpürge ettim size, yine de yaranamadım."

Bazı babalar ise "Bunca yıldır yemedim yedirdim, içmedim içirdim, giymedim giydirdim..." der.

Her iki örnekte de haksızlığa uğradıklarını düşünen anne-babaların serzenişlerini görmekteyiz. Haksızlığa uğradıklarını düşünenlerin başka tür yakınmalarına da tanık oluruz. Bazı anne-babalar şöyle derler: "Ah, ah, yanlış zamanda dünyaya geldik. Büyüklerin 'dediğim dedik' oldukları dönemde çocuk oldum; çocukların 'dediğim dedik' oldukları dönemde ise büyük oldum. Sonuçta hayat boyu ezildim."

Doğru ya da yanlış, bu bakış tarzı karşısında üzülmemek mümkün değil. Bunu söyleyenler yalnızca durumu böyle algılıyor olsalar bile, yine de içlerinde bir haksızlığa uğramışlık duygusu bulunduğu gerçektir.

Böylesine haksızlığa uğradığını düşünen anne-babaların yanında, tek tük de olsa, genelden farklı davranan, kendini ezdirmemeye çalışan büyükler de var. Lisede değerli bir öğretmenimiz bir sohbette bize, "Ben küçükken babamız meyvenin güzelini kendisi yer, küçükleri bize verirdi. Büyüdüm. Şimdi genel eğilim güzel meyveleri çocukların yemesi, kötü meyveleri ise anne-babaların yemesi şeklinde. Fakat bugün sofrada en iyi iki meyvenin birini ben alıyorum, diğerini eşime veriyorum. Bu durumu yadırgayan çocuklarımla eşime gerekçemi açıklıyorum. Eşimin boğazından geçmiyor ama ben keyifle yiyorum." Sanırım benzerlerine sık rastlayamayacağımız bu örnekte, yetişkin yaşta istismara direnerek geçmişin rövanşını alma sözkonusu.

Anne-Babalar Nasıl İstismar Edilir?

Aşağıda anne-babaların hangi konularda istismara uğradıkları maddeler hâlinde sıralanıyor. Değerli okuyucularımın bunlara eklemek istedikleri maddeler varsa ekleyebilirler.

1. Ekonomik İstismar

Ergenlik çağını geçmiş bir kişinin, zorunlu hâller dışında anne-babasından ekonomik destek istemesi, genel çizgileriyle ekonomik istismar sayılabilir. Ancak kişilerin zorunluluk nedeniyle anne-babalarıyla birlikte oturmaları, onlardan ekonomik destek almaları istismar sayılmamalıdır.

1960'lı, 70'li, 80'li yıllarda batıda, gençlerin anne-baba evinden ayrılma yaşları ortalama on dokuzdu. Gençler bu yaşa geldiklerinde anne-babalarının evinden ayrılıp kendi düzenlerini kuruyor, kısmi statülü (part-time) veya tam zamanlı işlere giriyor, bazen sadece çalışıyor, bazen de hem okuyup hem çalışıyorlardı. Bu yaşam tarzı, 90'lı yıllarda yavaş yavaş, 2000'lerden bu yana ise büyük ölçüde değişmeye başladı. Bazı gençler anne-baba yanından hiç ayrılamıyor, bazıları ise bir müddet ayrı yaşasalar bile bir süre sonra, 25-30 yaşlarında anne-baba ocağına geri dönmek zorunda kalıyorlar.

Bunun nedenlerini şöyle özetleyebiliriz:

- Yaşam alanlarındaki kısmi statülü işlerin azalması,
- Eğitimini tamamlayıp işe giren gençlerin bir süre sonra işten atılmaları, yeni bir iş bulmakta zorlanmaları kısacası işsizliğin artmasıdır.

Bir gencin işsizlik nedeniyle anne-babasıyla birlikte oturması, onlardan harçlık alması doğal sayılmalı, ekonomik istismar olarak tanımlanmamalıdır. Ancak anne-babaların ayaküstü yakınmalarından şunu öğreniyoruz: 25-30 yaşına gelen bazı gençler buldukları işleri, çeşitli itirazlarla beğenmiyor, bazıları ise doğru dürüst iş aramıyor ve bütün gün evde oturup cips yiyerek internete giriyor. İşte bu gibi durumların istismar sayılması gerekir.

Bir kişi diplomasına tam tamına uygun bir iş bulamayabilir ancak yine de en azından bir süre başka işleri yapmayı deneyebilir. İlerideki maddelerden birinde, "Hayat insanı" kavramı altında bu konuya değineceğiz.

Bazı gençler ile anne-babaları arasında karşılıklı bağımlılık bulunduğundan ya da en azından anne-babalar çocuklarını bağımlı kılma eğiliminde olduklarından, yaşları kaç olursa olsun çocuklara harçlık verme yaygın bir olaydır. Genç, bağımlı olduğu için, büyük bir zorunluluk yokken harçlık alıyorsa bu durum istismar sayılabilir. Ancak bazı anne-babaların, gönüllü olarak hatta bazen zorla, ihtiyacı olmayan çocuklarına harçlık vermeleri çocukların suçu değildir. Örneğin ben zaman zaman kendi kazançları olan çocuklarıma onlar istemeden harçlık vermeye çalışırım (Bazı anneler ise karınları tok olan 30 yaşındaki çocuklarına zorla yemek yedirmeye çalışırlar). Natalie Portman*'ın diş hekimi babasının arada ona, "Paran var mı?" diyerek harçlık vermeye çalıştığını duyduğumda, bana benzeyen başkaları da var diye sevinmiştim.

Bir de bizden bir isme bakalım:

Vatan şairi ne kadar maaş alır?

Rivayete göre Tevfik Fikret'in babası Hüseyin Efendi oğlunun şair olduğunu öğrenince, bir baltaya sap olamadı, diye çok üzülmüş. Ancak bir süre sonra çevresindekiler, "Üzülme Hüseyin Efendi, ne mutlu sana!

* Natalie Portman, üniversite mezunu, çoğunluğun *Siyah Kuğu* filminden hatırladığı başarılı bir sinema sanatçısıdır.

Oğlun milli şair, vatan şairi oldu," demişler. Hüseyin Efendi de durumu kabullenmiş, hâline şükretmiş; yalnız arada arkadaşlarına, "Oğlum milli şair olmasına oldu da, ben ona niçin her ay beş altın gönderiyorum?" der, devletin milli şairine bakmamasına hayret edermiş. Bence Fikret'in durumu sanatçıların genelde para kazanmadıkları bir dünyada zorunluluktan kaynaklanmıştır, anne-babayı istismar sayılmamalıdır.

Ekonomik istismarın bir başka şekli ise orta yaş kuşağındaki çocukların, daha ileri yaş grubundaki anne-babalarının maaşlarına, özellikle emekli ikramiyelerine, doğrudan ya da dolaylı göz dikmeleridir. Anneler ve babalar, kırk yıllık hizmetlerinin ardından emekli olurlar, iyi kötü bir emekli ikramiyesini hak ederler. Gördüğüm pek çok örnekte, emekli olan anne ya da baba daha ikramiyesini eline almadan müstakbel para sevgili aile fertleri tarafından âdeta parsellenir. Şöyle ki:

- Bu babanın evli olan kızına yeni bir çamaşır makinesi alması şarttır; kadıncağız üç çocukla, onca çamaşırla uğraşmaktan delirmek üzeredir (Makinenin parasını bir yere yazın).
- Bu makineye muadil (müsavi, eşit) bir ev aletini de gelinine almak zorundadır; yoksa aile içinde kıskançlık, nifak ortaya çıkar (Bunun parasını da bir yere yazın).
- Oğlunun arabası feci şekilde eskimiştir. Her an bir kazaya vesile olabilir. Ona da şöyle mütevazi bir araba alması gerekmektedir (Araba parasını da ekleyin).
- Oğlana alınca damada da şöyle ufak bir şey, en azından yeni bir bilgisayar filan alması şarttır.
- Bu arada karısı yirmi yıldır aynı mantoyu giymektedir, artık insan içine çıkacak hâli kalmamıştır. Karısına da yeni manto alması gerekmektedir.

• Sonra zavallı torunları da yerli malı ayakkabı giye giye aşağılık duygusuna kapılmışlardır. Onlara da çaktırmadan, çakma bile olsa üzerinde yabancı bir markanın adı yazılı bir ayakkabı almak zorundadır.

Gerekli masraflar yapıldıktan sonra babanın elinde, topu topu 50 TL kalır, onunla da akşam eve yarım kilo lokum alıp gelir. Babanın diyabeti vardır, lokumu da yiyemez.

2. Anne-Babaların Çocuklarını Görünmez Tehlikelerden Korumaya Çalışmaları

Sayıları çok olmasa da bazı anne-babalar, çocuklarının arkadaşları tarafından istismar edilmesini önleme isteğiyle onlara markalı, pahalı elbiseler alıyorlar. Anneler arasında, kimi genç kızların erkek arkadaşlarından gelen pahalı hediyeleri kabul ettikleri söylentisi, belki doğru belki abartılı, kulaktan kulağa dolaşıyor. Az sayıda da olsa liseli kız arkadaşına araba, kürk alan olgun yaşta erkekler varmış. Bu kızlar, kürkü bir kız arkadaşlarının evine, arabayı da iki sokak öteye bırakmak zorunda kalıyorlarmış. Bir erkeğin kız arkadaşına böylesine pahalı bir hediyeyi ne karşılığında alacağını düşüne düşüne uykuları kaçan bazı anneler, bir yaşam sigortası olarak kızları bu tür erkeklere muhtaç olmasınlar diye kendilerini zorlayıp, kredi çekip, kızlarının en azından giyim kuşam ihtiyacını en iyi şekilde karşılamaya çalışıyorlar... Kendileri giymiyorlar, çocuklarına giydiriyorlar.

3. Öfkeyle Duygusal İstismar

Yirmisine, otuzuna hatta kırkına gelip anne-babalarına öfkeli davranan, onlara bağırıp çağıran, çemkiren, kapı çarpan insanlar var. Kişisel konuşmalarımızda bu tür olaylardan söz eden annelerin gözlerinin yaşardığını çok gördüm. Birbirlerini hiç tanımayan bu anneler, sözbirliği etmiş gibi, "Ben bunu hak etmiyorum," diyorlar. Annelerin bu ifadesi, her seferinde beni derinden yaralar. Sevgili annelerin bunu hak etmediklerini, ah bir de çocukları bilseler.

Anne-babalarına, daha çok da annelerine öfkeli davranan gençlerin bir bölümü ileri yaşlarında anne-babalarıyla birlikte oturuyor, onları canlarından bezdiriyorlar. Hatta bir bölümü evlenip kendi evlerini kurmuş olsalar bile yine anne-babalarına karşı saygı sınırlarını aşan öfkeli davranışlar sergiliyorlar. İşin ilginç yanı tüm bu gençler, anne-babalarına bağırıp çağırmalarının doğal olduğu kanısına, sanısına sahipler. "İş arkadaşına, kardeşine, eşine öfkelenebilirsin, bu arada anne-babana da öfkelenebilirsin," diye düşünüyorlar.

İş bulamadıkları, iş aramadıkları ya da işten çıkarıldıkları için anne-babalarıyla birlikte oturan gençlerin öfkeli davranışlarını anneleri, "İşi olmadığı için sinirli, bir işe girince düzelir," düşüncesiyle büyük bir hoşgörü ve iyi niyetle karşılıyor. Olabilir. Ancak bu kişiler işsiz olsalar bile yine de büyüklerine nazik davranmalılar. Çok önemli gördüğüm için tekrarlamak istiyorum:

Sevgili gençler, sevgili genç yetişkinler; yeterli geliriniz olmadığı için anne-babanızla birlikte oturmak zorunda kalabilirsiniz ancak sıkıntı üzerine sıkıntı eklememekte yarar vardır. Ayrı ev tutamayabilirsiniz fakat hiç olmazsa dilinizi tutabilirsiniz. Lütfen ota yoka sinirlenmeyin, küçük şeyleri mesele etmeyin, annenizin yaptığı yemeği, onun kıyafetini, izlediği televizyon programını eleştirmeyin. Kaldı ki bir şeyin en doğrusu yoktur, doğru görecelidir. Bugün için geçerli olan doğrular, modalar ve tercihler yarın değişebilir. İşte bu yüzden ayrı ev tutamıyorsak, hiç değilse dilimizi tutmalıyız.

Yine gençlerden bir diğer naçizane ricam şu:

Sevgili gençler, genç yetişkinler; eve ekmek getiremiyor olabilirsiniz ama ekmeği mutfaktan yemek masasına getirebilirsiniz. Çamaşırdan bulaşığa annenize yardımcı olabilirsiniz. Buradan, "sadece eve ekmek getiremeyenler annelerine yardım etmeliler," sonucunu da çıkarmamak gerekir.

"Bir evin annesine veya evin kadınına yardım etme" ifadesi oldukça yaygındır. Bu ifade, kadınların toplum içinde ezildiklerinin pek çok göstergesinden biridir. Niçin? Ev işleri kadınların temel görevlerinden biri sayılır. Kocası ya da çocukları ev işlerini onunla eşit olarak paylaşmaz ancak belki bir miktar yardım ederler, tüm ağırlık kadının üzerindedir. Bu yüzden pek çok erkek, "Ev işlerinde karıma yardım ediyorum," der. Ancak bir kadının, "Ev işlerinde kocama yardım ediyorum," dediğini binde bir duyarsınız. Kadınların evlerde ezilmelerini istemediğimiz hâlde, ev halkının özellikle gençlerin, annelerine yardım etmelerini istiyoruz. Gençler iş yükünü büyük ölçüde üstlenmeseler bile, iki tabağı masadan kaldırmak gibi samimi bir gayret içine girdiklerinde, annelerin bundan memnun olacakları inancındayım.

Malınla rezil olmak

Dilimizdeki pek çok güzel deyimden biri "Malınla rezil olmak" şeklindedir. Paralarını ya da enerjilerini bir işe cömertçe harcayan kişiler karşı taraftan ummadıkları bir tepki alıp hayal kırıklığına uğradıklarında böyle derler. Anne-babaların bu ifadeyi açıkça kullandıklarını hiç duymadım ancak malınla rezil olmak ifadesi bence yetişkin yaştaki çocukları tarafından istismara uğrayan anne-babaların içine girdikleri durumu çok güzel anlatan bir teşbih. İnsanlar bir günlükten itibaren hatta daha anne karnındayken çocuklarının üzerine titriyorlar. Zamanlarını, enerjilerini, paralarını hiç yüksünmeden, isteyerek onlar için harcıyorlar. Sonra da yirmi beş yaşına gelen bu sevgili varlıklar, bağırıp çağırıp kapı çarptıklarında, açıkça telaffuz edilmese de anneleri babaları mallarıyla rezil olmuş oluyorlar.

4. Anne-Babaların Çocuklarının İçki ya da Uyuşturucu Parasını, Kumar Borcunu Karşılamaya; Onların Evliliklerini, Hayatlarını Kurtarmaya Çalışmaları

Araştırmacıların merceğine, bilimsel çalışmaların odağına girmeyen bir konu var. Bazı anne-babalar, telaffuz edilmesi bile güç bir fedakârlıkta bulunup yetişkin yaştaki çocuklarının; içki, uyuşturucu paralarını, kumar borçlarını ödüyorlar. Tedaviyi kabul etmeyen ya da tedavi süreci tamamlanmamış içki, uyuşturucu müptelası çocuklarının krize girmelerine, acı çekmelerine dayanamayan ya da çocuklarının öldürülmesinden korkup onların kumar borçlarını ödeyen aileler var. Bazı aileler, evlerini satıp bunu gönüllü olarak yapıyorlar. Ancak bazı ailelerde gençler, evlerini satmaları konusunda anne-babalarını zorluyorlar. Harçlık almanın ötesinde büyük bir istismardır bu.

Çocukları ile paraları arasında ikilemde kalan anne-babalar çocuklarından vazgeçmektense, paralarından vazgeçmeyi tercih ediyorlar. Böyle durumlarda, çocuktan da paradan da vazgeçmeden bir çözüm bulmak pek mümkün gözükmüyor. Çözüm için en başta müdahale gerekli galiba. Bir çocuğu, bir genci uyuşturucu, kumar müptelası olmayacak şekilde eğitmek, en azından belli bir yaşa kadar dirsek temasında bulunarak onu hayata hazırlamak gerekiyor.

Bu noktada gençlerin içki, uyuşturucu ya da kumar alışkanlığına kapılmalarının tek sorumlusunun anne-baba olduğunu düşünemeyiz. Bu tür olumsuz yaşantılarda anne-babaların bazı ihmalleri rol oynamış olabilir ancak gencin genetik yapısı, kişisel seçimleri ve toplumun bazı dayatmaları da önemli bir etkiye sahiptir. Yaşamın zorlukları karşısında insanlar bazıları sağlıklı bazıları sağlıksız birtakım savunma mekanizmaları kullanır. Sağlıksızların başında, içki, uyuşturucu, kumar alışkanlığı gelir. Eğer çocuklarımızı ve kendimizi yaşamın sert rüzgârları karşısında güçlü, bir hacıyatmaz gibi düştüğünde kalkabilen, stres ve travmayla başa çıkabilen, yılmaz (resilyans* sahibi) kişiler olarak yetiştirebilirsek, ummadık durumlarda, denizlerdeki sirenler gibi karşımıza çıkacak birtakım bağımlılıkların peşine düşmekten kurtulabiliriz.

Sirenler, denizlerde yaşadıklarına inanılan, yarı insan yarı hayvan efsanevi varlıklarmış. Yunan mitolojisine göre sirenler, kayalıklı denizlerde denizcilerin karşısına çıkıp olağanüstü sesleriyle şarkılar söyleyerek onları büyüler; ailelerini, yuvalarını unutturur; kendilerine âşık eder; yanlarına çağırıp gemilerinin kayalıklarda parçalanmasına neden olurlarmış. Bu efsane bence, içki, uyuşturucu, kumar alışkanlıklarının cezbedici ama yıkıcı niteliğini de betimleyen bir teşbih. Yeşil çuhalı kumar masaları, rengârenk içki kadehleri, uyuşturucuların güzel bir fısıltıyla hayal ettirdikleri, mevcut olmayan büyüleyici şatolar galiba bazı kişileri sirenler gibi kendilerine çağırıp yok ediyorlar.

Bu arada bazı anne-babaların bir başka kâbusu var: Çocuklarının bu türden bağımlılıklara benzeyen daha başka bir tür bağımlılığa yönelmeleri; eşlerini, çocuklarını bırakıp karşı cinsten birine kapılmaları. Orta yaş dönemine giren bazı evli ve çocuk sahibi erkekler bir kadına, daha çok da birtakım kurumlarda çalışan profesyonel bir kadına kapılıyorlar. Bu iş ve aile bütünlüklerini tehdit eder hâle geliyor. Kapıldıkları profesyonel kadınlar, "Karını boşa beni al, üzerindeki mülkleri de bana yap," diye tutturuyorlar. Burada evli erkeğin aklını başından alıp ona yuvasını bozdurmaya çalışan kadınlar, denizcilerin mahvolmalarına yol açan sirenlere benzemiyor mu? Ancak mitolojiye göre sirenlerin etkisine kapılmayan erkekler

---

* Hasanoğlu, A. ve Seçkin, Ş. (2017), *Çocukta Resilyans: Esneklik ve Toparlanabilme Becerisi*. İstanbul, Remzi Kitabevi.

de varmış. Eşlerinin yüce gönüllülüğü, affediciliği, annelerinin ise dirayeti sayesinde mahvolmaktan kurtulan erkekler de vardır.

Erkeklerin düştükleri duruma benzer durumlar muhtemelen kadınlar için de sözkonusu oluyordur ancak kız annelerinin böyle bir yakınmada bulunduklarını hiç duymadım; yalnızca orta yaştaki evli erkeklerin anneleri oğullarının içkiye ve kumara, yanı sıra bir kadına kapılmalarından söz ediyorlar. Bu durumun nedeni toplumun erkeğe abartılı değer ve izin vermesi, kadının ise bu türden davranışlarını bastırmasıdır. Bu yüzden bir anne, evli oğlunun bir kadına kapılmasını, utana sıkıla da olsa güvendiği birilerine anlatabiliyor ancak anneler hiçbir zaman evli kızlarının bir erkeğe kapıldığını telaffuz edemiyorlar.

Çalışmayan yetişkin yaştaki çocuklarının içki, uyuşturucu ve kumar parasını temin etmek zorunda kalan, sirenlere kapılıp eşlerini çocuklarını terk etmeye kalkan oğullarıyla uğraşan anne-babalar, istismarın en ağırına uğruyorlar. Onlar bunu da hak etmiyorlar.

5. Anne-Babaların İsteklerinin Ciddiye Alınmaması

Orta yaştaki yetişkinlerin kendi anne-babalarını istismar etmelerinin göze fazla batmayan bir türü daha var; bu da yetişkinlerin, büyükleriyle empati kurmadan onların istekleri dışında hayatlarına karışmalarıdır. Bir zamanların "Bana karışmayın" diyen çocukları yetişkin olduklarında, gerekli gereksiz anne-babalarının davranışlarına gerekli gereksiz karışmaya başlıyorlar; giyimlerine, gezip tozmalarına karışıyorlar.

Orta yaştaki yetişkinlerin anne-babalarını, şüphesiz ki istemeden istismar etmeleri konusunda iki örnek vermek istiyorum:

Eski eşyaları atmak şart mı?

70, 80 yaşlarındaki hanımefendilerin, beyefendilerin atmaya bir türlü kıyamadıkları elli yıllık eşyaları vardır. Eski gardıroplar, komodinler, sehpalar, konsollar, masalar, koltuk takımları, halılar... Bunlar eskimiş, modası geçmiş şeylerdir ancak pek çoğu kullanılabilir hâldedir ya da küçük bir tamirle kullanılabilecektir. Onların kırk yaş civarındaki çocukları sık sık, "Atalım bunları, modaya uygun yeni bir şeyler alalım," derler. Eğer bir kayınvalide geliniyle birlikte oturuyorsa, gelinin salonunda eski eşya istememesi doğal sayılabilir. Ancak kayınvalidenin, kayınpederin evleri ayrı bile olsa yine de çocukları onların evlerindeki eski eşyalara akıllarını takıyor, "Değiştirelim," diye onlara baskı yapıyorlar. Yaşlılar eskiyen eşyalarına niçin yapışırlar? Onlarla empati kurduğumda aklıma şu geliyor: "Evladım, biz babanızla (veya annenizle) bu takımları elli yıl önce aldık. O zaman ikimiz de gençtik; bu takımlar üzerinde acı tatlı günlerimiz oldu. Şimdi siz eskidikleri, yaşlandıkları için onların atılmaları gerektiğini söylüyorsunuz. Bu arada biz de yaşlandık; acaba bizim de bu dünyadan atılma vaktimiz mi geldi?" Bana öyle geliyor ki yaşlıların eskimiş eşyalarının atılması onlara, artık bu dünyadaki günlerinin, işlevlerinin bittiği duygusunu çağrıştırıyor. Yeniye meraklı olanların bu konu üzerinde düşünmeleri beni mutlu eder. Sonra kaldı ki, büyüklerimiz eskidi diye ne sattılarsa sonra antikacılara gidip sattıklarının on katına satın aldık. Pirinç karyolaları, devasa radyoları, hatta gaz ocaklarını... Bizler eskiyen gümüş kaşık-çatallarımızı parlatmadan misafirlerimize çıkarmayız. Oysa yaşlılara çok saygı gösteren (bence bizden daha fazla saygı gösteren) Japonlar, kararan gümüş takımların değerinin arttığına inanıyor, onları parlatmadan kullanıyorlar. Acaba insanın eskisine saygı ile eşyanın eskisine saygı arasında bir paralellik mi var bu dünyada? Dilimizdeki argo kelimelerden biri "moruk". Bildiğim kadarıyla bu kelimeye benzerlik gösteren Japonca bir kelime yok. Ne demeli? "Moruk" kelimesi için "İyi kullanmalar" mı demeli yoksa bu kelimenin dilimizden kaybolmasını mı dilemeli?

Anne-babalarının eski eşyalarını onlardan habersiz satıveren yetişkinler var. Gerek bu davranış gerekse dilimizdeki moruk kelimesi yaşlılara yönelik bir saygısızlık, bir istismardır.

Eskimiş duvar kâğıdının işlevi

Yıllar önce bir arkadaşım anlatmıştı: Annesi felçliymiş, sürekli olarak kendi evinde yatıyormuş. Evin badanası eskimiş ve felçli hanımefendinin yatak odasındaki duvar kâğıtları eskimiş, sararmış, yer yer kıvrılmış. Hanımefendiyi birkaç aylığına başka bir şehirde yaşayan diğer çocuğunun yanına götürmüşler. Annesi evde yokken oğlu ona sürpriz olsun diye tüm evi boya badana ettirmiş. Bu arada yatak odasındaki eskimiş duvar kâğıtlarını da söktürüp, "daha işlevsel" diye tertemiz boyatmış ama annesi döndüğünde pek mutlu gözükmemiş. Oğlu bunun nedenini sorduğunda aralarında şu konuşma geçmiş: "Eline sağlık oğlum, ev pırıl pırıl olmuş. Yalnız şu yatak odamdaki duvar kâğıtlarını söktürmeseydin daha iyi olurdu." "Niçin anne? Kâğıtlar çok eskimişti." "Doğru evladım ama kâğıtların üzerinde küçük çiçekler vardı, sağıma yattığımda hep onları sayıyordum." Hayatının son on dört yılını felçli olarak geçirmiş bir annenin evlâdı olarak, yıllar önce duyduğum bu hikâye beni hâlâ etkiliyor. Bazen küçük çiçekler büyük işler görürler...

6. Gençlerin Aşk Acıları

Bazen de anneler yaşları kaç olursa olsun çocuklarının aşk acıları altında ezilirler. Özellikle kızlarının hüzünlü aşk hikâyeleri karşısında kendilerini çaresiz hisseden, âdeta içleri oyulan anneler vardır. Kızlar aşk acılarını genelde babalarına değil, annelerine anlatır. Anneler de eğer eşleri paldır küldür bir baba değilse, onlara anlatır. Bu durumda hoşgörülü baba olmanın faturası olarak babanın da içi oyulur.

Anneler elbette, yaşları kaç olursa olsun çocuklarının duygusal sorunlarıyla, gerektiğinde aşk acılarıyla ilgileneceklerdir. Sevgili anneler, çocuklarınızı dinleyin, onlarla empati kurmaya çalışın, bu konudaki tecrübelerinizi aktarın, geçmişte benzeri üzüntüler yaşamışsanız, uygun gördüklerinizi paylaşın, onlara elinizden geldiğince rehberlik etmeye çalışın. Ancak lütfen çocuğunuzla özdeşim kurmayın; onun yaşam sorumluluğunu, aşk acılarını üstlenmeyin. "Elimde değil," diyebilirsiniz, o hâlde siz mecburcusunuz.

Sorunu olan bir kişiyle empati kurup ona rehberlik etmek farklı bir şeydir; onunla özdeşim kurmak, ona sempati duymak ise ayrı bir şeydir. Bu yüzden duygusal sorunları olan kişilerin, objektif olma ihtimali yüksek bir profesyonele, psikoloğa veya psikiyatriste gitmelerinde yarar vardır. Bir yakınına duygusal sorunlarını anlatan kişi yakını ona sempati duyacağı, özdeşim kuracağı için paylaşmanın vereceği ferahlama ötesinde bir yarar elde edemez.

Ruh sağlığı hizmetlerinde uzmanın tarafsız, objektif olması; üzerinde, milli, dini, takım sembolü taşımaması, nötr kıyafetli olması ve danışanıyla/hastasıyla yakınlığı bulunmaması gerekir. Tıpkı bir anne-babanın ilkokulda kendi çocuğuna öğretmenlik yapmaması gerektiği gibi, anne-baba, çocuğunun derdini dinlemenin ötesinde psikolojik destek vermeye çalışmamalıdır; zaten bunu beceremez.

7. Bütün Suçu Anne-Babaya Yükleme Eğilimi (Görünür Bir Hataları Yoksa Bile Anne-Babaların Suçlu Sayılmaları)

Yakın bir geçmişte bir ülkedeki bir siyasetçi, partisi seçimi kaybettikten sonra, usulsüzlük olduğu iddiasıyla seçimin tekrarlanmasını istemiş, gerekçe olarak da şöyle demişti:

"Bu seçimde hiçbir yolsuzluk olmasa bile bir şeyler mutlaka oldu."

Bu ifade mantıksız görünen ve göründüğü kadar da mantıksız bir akıl yürütmedir. Ancak bu siyasi söylemden yıllarca öncesinde, birkaç damla psikoloji öğrenmiş pek çok amatör psikolog tavırlı genç aynı mantıksız akıl yürütme şeklini kullanmıştır. 20'sinde, 30'unda, 40'ında pek çok kişi başlarına her ne geliyorsa anne-babalarını suçlamış, âdeta, "Beni yetiştirirken annem babam görünür hiçbir hata yapmamış bile olsalar, birtakım hataları mutlaka olmuştur," diyerek anne-babalarına örneği ve ispatı olmayan suçlamalar yöneltmişlerdir. Bir kişinin anne-babasını, elinde somut olaylar, örnekler olmadan yuvarlak cümlelerle suçlaması doğru değildir, etik değildir, bilimsel bir düşünme tarzını yansıtmamaktadır.

Anne-babaların elbette birtakım hataları olabilir, uzun bir süreci sıfır hata ile yürütemezsiniz. Ancak daha önce de belirttiğim gibi, anne-babaların sayılabilir miktarda hataları olsa bile, sayılamayacak kadar çok artıları vardır.

Bir insan çocukluktan gençliğe giden gelişme sürecinde

birtakım hatalı davranışlar öğrenmişse, kendine ve çevresine zarar verecek birtakım olumsuz alışkanlıklar edinmişse, bu durumda, anne-babanın yanı sıra, tüm toplumun, o toplumdaki eğitim sisteminin, medyanın, hatta biraz bile olsa çocuğun/gencin kişisel tercihlerinin de etkisi vardır. Olumlu örnekler de olumsuzlar da çok değişkenli, karmaşık bir yapıya sahiptir. Bir marifetmiş gibi, anne-babanın yerli yersiz suçlanması ne aileleri ileriye götürür ne de toplumu.

Anne-babaların çocukları tarafından el yordamıyla suçlanmaları, bir zamanların manyak katil filmlerini hatırlatıyor bana.

Manyak Katilin Hiç mi Suçu Yok?

Pozitif bilimlerdeki gelişmeler sanatçılara her zaman yeni ufuklar açmıştır. Örneğin röntgenin bulunması nesnelerin iç ve arka yüzlerinin resmedilmesine ve kübizmin doğmasına vesile olmuştur. Fotoğrafın gelişmesi ressamlara, heykeltıraşlara atların adımlarını, 2+2 şeklinde değil de 1+3 şeklinde, yani tek attıklarını öğretmiştir (Bolu'da adımlarını 2+2 şeklinde atarken betimlemiş bir at heykeli bulunuyor). Tüm bilimsel gelişmeler içinde sanatçıları en çok Freud'un psikanalitik yaklaşımı etkilemiştir. Yirminci yüzyılın ilk yarısından itibaren Freud'un bilinçaltı kavramının edebiyatın hemen tüm dallarında, zaman zaman şu ya da bu şekilde ele alındığını görürüz. Edebiyatçılar bunu genelde, Freud'un görüşlerini özümsemiş olarak gerçekleştirirler. Ancak Freud'dan esinlenmenin özümsenmeden gerçekleştirildiği bazı sanat eserleri de var. Bence bunların başında "Manyak Katil Filmleri" geliyor.

Şöyle ki: Orta yaşlarda bir erkek seri katil olmuştur; çok sayıda cinayet işlemiş, işlemeye de devam etmektedir. Öldürdüğü kişiler kadındır. Manyak katil kurbanlarını genelde dürbünlü tüfekle vurmaktadır. İzleyiciler, film boyunca manyak katilin bu tuhaf davranışına bir türlü anlam veremezler. Filmin son dakikalarında polis manyak katili yakalar da gerçek ortaya çıkar. Meğer manyak katil beş yaşındayken annesi ona kötü davranmış, onu birkaç defa bodruma kilitlemiş. Bu durumda manyak katil doğal olarak annesinden sonra da olayı genelleyip bütün kadınlardan nefret etmiştir; şimdi peş peşe cinayetler işleyerek tüm kadınlardan, aslında annesinden intikam almaktadır. Bu gerçek karşısında manyak katil seyircinin gözünde aklanır; katil, elbette hukuken suçludur ancak izleyici artık bu zavallı manyak katile sempatiyle bakmaya başlar.

Çocukluğumda bu tür filmleri izleyen kadınların manyak katile acıdıklarını, "Vah yavrum," dediklerini hatırlarım. Şimdi burada ne var? Bence Freud'dan kulaktan dolma iki şey öğrenen senarist, eksik bilgiyle psikanalitik yorum yapmakta; "Geçmişte başımıza gelen travmalar gelecekteki davranışlarımızı etkiler," şeklinde basit, tek değişkenli bir ilişki kurmaktadır. Oysa olay bu kadar basit değildir. Diyelim ki on bin tane çocuğu annesi bodruma kapatmıştır, ancak bunlardan sadece biri ileride manyak katil olmuştur. Hemen her insan davranışında olduğu gibi bu olayda da pek çok değişken vardır. Manyak katilin ailesi onu yetiştirirken bazı hatalar yapmış olabilir, toplumun birtakım hataları olabilir. Örnek vermek gerekirse dürbünlü tüfeği, ekmek alır gibi kolayca satın alabilmesi toplumun bir hatasıdır. Böylesine korkunç bir olayda çevrenin yanı sıra katilin beyin yapısının, zihinsel (bilişsel) yapısının, ahlak anlayışının ve kişisel seçimlerinin de etkisi vardır. Bütün bunlara rağmen bütün suçu anneye yüklemek, maalesef bir dönemin bilimsel temele yeterince dayanmayan modası olmuştur.

Bence "Manyak Katil" temalı filmler eldeki eksik bilgilerle anneyi suçlamanın tipik bir örneğidir. İyi ki günümüzde "Manyak Koca" filmleri çevrilmiyor.

Manyak Koca Filmleri Olsaydı... Bence günümüzde gerek sinema filmlerimizde gerekse televizyon dizilerimizde, değerli senaristlerimiz psikanalitik çözümlemeleri dozunda ve doğru kullanıyorlar. Eğer böyle olmasaydı, 1960'lardaki manyak katil filmleri gibi bir dizi manyak koca filmi çeviriyor olabilirdik. Manyak koca filmlerimiz muhtemelen şöyle olurdu: Küçük bir oğlan çocuğuna annesi kötü davrandığı için, bu çocuk annesinden ve tüm kadınlardan nefret ederdi; yetişkin bir erkek olduğunda ise karısını tabancayla, bıçakla öldürürdü. Filmin sonunda bu kadın katiline annesinin yaptıklarını öğrenen izleyicilerin gözünde katil beraat ederdi (Zaten ediyor; karısını çocuğunun yanında bıçaklayan adama, Dul Erkekler Derneği Başkanı, "Ellerine sağlık kardeşim," diyor).

Kocaları tarafından öldürülen kadınların ortak "suçları" sürekli dayak yedikleri, hakarete uğradıkları kocalarından boşanmak istemeleridir. Kadının bu isteği şüphesiz ki suç değildir. Diyelim ki kadın suçlu, kocasına hakaret etti. Bu durumda kadının öldürülmesindeki sorumlu kadın mı? Cinayette, erkeğin içinde yetiştiği erkek egemen, feodal düzenin hiç mi rolü yok? Katilin ufak tefek nedenlerle ceza indirimi alacağını bilmesinin hiç mi rolü yok? Televizyon dizilerinde doğru bir tercihle sigaraya çiçek resmi konurken tabancalara bunun yapılmamasının, bazı dizilerin gizli silah reklamına dönüştürülmesinin hiç mi rolü yok? Toplumun erkek saldırganlığını, üstü kapalı bir şekilde de olsa, sürekli onaylamasının hiç mi rolü yok? Eğitim sistemimizin hiç mi rolü yok? Katilin düşünce yapısının ve kişisel tercihlerinin hiç mi rolü yok?

Eğer Manyak Koca filmleri olsaydı, bir şekilde kadın suçlu gösterilir; katil koca, kısmen de olsa sempati toplardı. Sonra da birileri ona, "Eline sağlık kardeşim," derdi.

Sonuçta sınırlı ve az bilgiyle; kadınların, annelerin, anne-babaların suçlanmasının yanlış olduğunu, olayları basite indirgemek olduğunu fark etmek gerekir.

8. Kayınvalideyi-Kayınpederi İstismar

Büyükleri istismar türlerinden biri de bazı gelinlerin, damatların eşlerinin anne-babalarına karşı öfkeli davranmaları, saygısızlık etmeleridir. Bazı gelinler, haklı veya haksız nedenlerle kayınvalideleriyle tartışırlar. Onlara küser, öfkelerinin bir uzantısı olarak da torunlarını onlara göstermezler. Bence bu orantısız bir öfkedir. Torununu görememek bir baba-anneye yöneltilmiş ahlaki olmayan bir saldırıdır. Çocuğunu kayınvalidesine göstermeyen bir gelin, ona eziyet ettiğini sanır. Ancak aynı zamanda kocasına ve kendi çocuğuna da eziyet etmektedir; bunu ya fark etmez ya da önemsemez.

Bu arada, "Evet ama bazı kayınvalideler de gelinlerini sürekli eleştirerek istismar ederler," diyebilirsiniz. Bu da kayınvalidelerin ayıbıdır.

İĞNEYİ ÖNCE KENDİME BATIRAYIM

Bir Zamanlar Anne-Babamı Nasıl İstismar Ettim?

Şimdilerde, tam tamına söylemek gerekirse bu kitabı yazmaya karar verdiğimden beri, dehşetle şunu fark etmiş bulunuyorum; meğer bir zamanlar ben de anne-babamı istismar etmişim. Hem de dört dörtlüğe yakın bir şekilde. Nasıl?

Liseyi bitirdiğimde daha çok sosyal bilgilere ilgi duyuyordum ancak tüm bölümlere girebilecek bir puan almıştım. Hâlâ pek çok gencin yaptığı bir hatayı yaptım, puanım ziyan olmasın diye hedeflediğim bölümlerden daha yüksek puanla öğrenci alan fizik bölümüne girdim. Üçüncü sınıfa gelince fiziğin bana uygun olmadığını anladım. Fizik şüphesiz ki muhteşem bir alandı ama bana uygun değildi. Bana uygun alanlar, psikoloji, tarih, edebiyat, antropoloji, siyaset bilimleri gibi sosyal bölümlerdi. Psikoloji bölümüne geçmek amacıyla üniversite sınavına tekrar girmeye karar verdim. Bu kararımı annemle babama açıkladım; en ufak bir itirazda bulunmadılar. Ben de "Üç yılım boşa gitti, aileme yük oldum," diye en ufak bir huzursuzluk duymadım.

Psikolojiye geçtim. Bunu yapmadan önce, onlara "Geçeyim mi?" diye sormak da aklıma gelmedi, sadece kendi kendime aldığım kararı bildirdim. Onlar da "Hayırlı olsun," dediler. Psikoloji lisansının ardından iki yıl da yüksek lisans yaptım. Böylece liseden sonra toplam on yıl okumuş oldum. Bu süre zarfında ufak tefek bir işe girmeyi filan da hiç düşünmedim. Sürekli harçlık aldım. Bu durumdan bilinçaltımda rahatsızlık duymuş olabilirim ancak bilinçli olarak hiçbir sıkıntım olmadı. Yüksek lisans sonrasında önce uzman, sonra da araştırma görevlisi olarak üniversiteye girdim. Yani ilk kez işe girdim ve düzenli maaş almaya başladım.

Eğer araştırma görevlisi olmasaydım, başka bir işe de giremeseydim (ki iş bulmak zordu), mesleğim dışında herhangi bir işe girip para kazanmaya çalışacak mıydım? Hayır. Turist rehberliği yapmaya veya pazarda bir tezgâh kiralayıp limon satmaya çalışacak mıydım? Hayır. Yapacak olsam, anneciğim ve babacığım çok rahatsız olurlardı.

Üniversitede araştırma görevlisi olamasaydım, Ankara Üniversitesi DTCF'nde Edebiyat bölümüne veya Tiyatro Yazarlığı bölümüne girmeye çalışacaktım. Öyle bir durumda anne-babam bana lise sonrasında on dört yıl bakmış olacaklardı. Buna maddi güçleri var mı, diye düşünmemiştim, düşünmeyecektim; "Bu değirmenin suyu nereden geliyor?" demeyecektim. Peki biz çok mu zengindik? Buna da hayır.

Evimiz arabamız vardı ama sanırım orta sosyo-ekonomik düzeyde bir aileydik. Annem lise öğretmeniydi, ayrıca avukattı; çalıştığı yıllarda kazancı iyiydi. Babam döküm ustasıydı, heykel de yapardı; onun da kazancı çalıştığı yıllarda iyiydi. Ayrıca babamın dedelerinden kalan –para etmeyen– tarlaları, çayırları vardı köyde. Ancak yukarıda sözünü ettiğim lise sonrası eğitim yıllarımda her ikisi de artık çalışmıyordu. Babamın emeklilik maaşı yoktu, yalnızca annemin emeklilik maaşıyla geçiniyorduk. Çalıştıkları yıllardan kalan büyük bir birikimleri de yoktu ortada. Sonuçta lise sonrasındaki on yıllık eğitimimi annemin emekli maaşıyla sürdürdüm. Okurken ufak işlerde çalışıp aile bütçesine katkıda bulunmak hiç aklıma gelmedi. Burs alabilirdim; başvurdum ama dürüstlüğümden ötürü alamadım.

Burs başvurusu belgesinde ailemin maddi durumu soruluyordu. Hepsine doğru cevap verdim; ev kirası ödemediğimizi, arabamızın olduğunu, annemin emekli maaşı aldığını söyledim ve burs alamadım. Daha sonra konuyla ilgili yetkili bana başvuru belgesini yanlış doldurduğumu, burs almaya hak kazananların bazılarının maddi durumlarının gerçekten kötü olduğunu, bazılarının ise iyi olan durumlarını kötü göstererek burs alabildiklerini söyledi. Ancak ben belgeyi doğru doldurduğum için üzülmedim. Ailemin gelir durumunun burs alabilmeme yeterli olacak kadar kötü olmadığını düşündüm, hâlime şükrettim.

Şimdi geçmişe baktığımda burs konusundaki davranışımın çok doğru olduğu inancındayım. Bu davranışım iyiydi ama yine de aileme destek olabilmek, hiç değilse kişisel ihtiyaçlarımı karşılayabilmek için biraz gayret etmeliydim. En azından lise öğrencilerine ders verebilirdim. Hiç aklıma gelmemişti. Bir de asıl ilginci, araştırma görevlisi olarak çalışmaya başladıktan sonra da evin giderlerine katkıda bulunmak aklıma gelmedi. İstemediler, ben de vermedim. Bu durum karşısında, o günlerde sevgili annemi ve babamı, şüphesiz ki istemeden istismar ettiğim görüşündeyim.

Anne-babamın verici tavırlarını, ben de hiç rahatsız olmadan çocuklarıma karşı sergiledim. Aile bütçesine katkıda bulunmadan üç üniversite okumaya kalkışsalar, "Bunlar niye çalışıp para kazanmıyorlar?" demek aklıma gelmezdi. Gerçekten gelmezdi.

Annemle aram hep iyiydi fakat babamla arada çatışır, damarına basar, çoğu zaman haksız yere canını sıkardım.

Maddi istismar dışında sanırım bu da duygusal istismar oluyordu. Annemi duygusal olarak istismar etmedim ancak öyle gözüküyor ki babamı etmişim.

Şimdi eşim Prof. Dr. Zehra Dökmen'le konuştuğumuzda anlıyorum ki, o anne veya babasını duygusal açıdan istismar etmemiş. Onun babası otoritermiş, benimki değildi. Ancak Zehra Hanım da geriye dönüp baktığında üniversite öğrenimi sırasında ailesine maddi açıdan katkıda bulunması gerektiğini hiç düşünmemiş. Galiba araştırma görevlisi olarak çalışmaya başladıktan sonra da mutfak masrafına katılmamış, ailesi de zaten istememiş.

BUGÜN ANNELERE BAKIŞIM

Bu bölümde annemle ve bütün annelerle ilgili olarak, bilimsel olduğunu iddia etmeden, yalnızca kişisel duygularımı, düşüncelerimi, değer yargımı ifade etmek istiyorum.

Bence anne ve baba kişinin en yakın atalarıdır. Dedeler, nineler, büyük dedeler ve büyük nineler halka halka diğer ataları oluşturur. Kişi bütün atalarına, fakat öncelikle kendi anne ve babasına saygılı olmalıdır. Bugün yetişkin yaştaki pek çok kadının ve erkeğin, özellikle erkeklerin annelerine yeterince saygılı davranmadıklarını, onlara bağırıp çağırdıklarını, onları rencide ettiklerini, en azından çemkirdiklerini, fütursuzca davrandıklarını üzülerek öğreniyorum. Bu konuda sahip olduğum kişisel değer şudur: Gerek annelere gerekse babalara saygılı davranmak gerekir ancak saygı konusunda annelere daha da hassas davranmak gerekir. Yetişkin yaşınızda babanıza karşı çıkar, çatışırsanız, davranışınız nazik değildir, ancak bence kıyamet kopmaz. Annenize saygısızlık ederseniz, çemkirirseniz bence kıyamet kopar.

Pozitif sayılsa bile bu ayrımcılığı niçin yapıyorum?

Bir, çünkü, içimden öyle geliyor. Varoluşçu felsefecilerin ifadesiyle, herkesin "çünkü" deme hakkı vardır. Buradaki çünkü, "duygularım, düşüncelerim ve onların uzantısı olan davranışlarım için başkalarına hesap vermek zorunda değilim," anlamı taşır. Bir zamanlar bir varoluşçu felsefeciye "Niçin su içtin?" diye sorduğunuzda size, basit veya karmaşık bir açıklama yapmaz, "çünkü" demekle yetinirdi. Sözkonusu "çünkü"nün dilimizde, çok güzel ama sert bir karşılığı var. Birine kişisel sınırlarını zorlayan, gereksiz bir soru sorduğunuz zaman size, "Sen sorasın diye," diyebilir. Örneğin ona, "Niçin bu kazağı giydin?" şeklinde bir soru yönelttiğinizde, "Sen sorasın diye," cevabını verebilir.

İki, annelere saygısızlık edildiğinde niçin kıyamet kopacağı konusunda çünkü demeden şunu söylemek isterim; toplumlardaki, toplumumuzdaki ortalama eğilim kadınların, annelerin, zaman zaman da olsa ikinci sınıf sayılmaları, itelenmeleri, ötelenmeleridir. İzleyen bölümlerde dile getireceğimiz üzere, evin tüm işlerine koşturan, bunun karşılığında da "eline sağlık" cümlesini almak yerine sık sık eleştirilen, âdeta bir maaşsız hizmetçi, bir halayık muamelesi gören anneler var. Bu durumda dilimizle, davranışlarımızla onlara hak ettikleri değeri vermek, kendilerini daha iyi savunan, ezdirmeyen babaların yanında anneleri daha bir el üstünde tutmak gerektiği görüşündeyim.

Sonuçta, "Yetişkin yaşınızda babanıza karşı çıkar, çatışırsanız davranışınızın nazik olduğu düşünülmez ancak kıyamet de kopmaz. Çünkü babalar toplumdan aldıkları güçle, bir şekilde kendilerini savunuyorlar fakat annenize saygısızlık ederseniz, çemkirirseniz kıyamet kopar," demek istiyorum. Çünkü madem ki anneler toplumun kadına bakış tarzından ötürü ve bir de "Annelik kutsaldır" efsanesinin etkisiyle kendilerini yeterince savunamıyorlar, azarı işitiyorlar ama az sonra ellerindeki tepsilerle hizmete, servise devam ediyorlar o hâlde bizler bu durumu kanıksamamalı, onları baş üstünde tutmalıyız.

Şimdilerde değilse bile geleneksel kültürlerimizde, Anadolu'da, Orta Asya'da, Horasan'da kadınlar, analar el üstünde tutulurdu. Kibele Ana, Artemis Ana kültürlerinde kadınlar, anneler, hele ki oğulları tarafından azarlanacak varlıklar değildi. Bugünkü kültürümüzün büyük bir ayağını oluşturan Orta Asya kültüründe, kadınlar, analar –gerçek anlamda– eşlerinin, çocuklarının başlarının tacıydı.

Moğolların Gizli Tarihi'nde* yazdığına göre; Cengiz Han'ın annesi, onun karşısına geçip elini beline dayayarak onu azarlamaya başladığında Cengiz Han, bir dizini yere koyar, başını eğer, sağ elini kalbinin üzerine götürüp annesinin öfkesinin geçmesini beklerdi. Bu bir Moğol töresiydi; Türk töresi de sayılırdı zira Moğollar ve Türkler akraba gruplardı.

Saray protokolüne göre Osmanlı padişahları yalnızca annelerinin ellerini öper, başkaca hiçbir kadının veya erkeğin elini öpmezlerdi (Babaları zaten onlar tahta çıkmadan önce ölmüş olurdu). Dolmabahçe Sarayı hareminde sadece bir tek odada kubbe vardır, o oda da padişah annesine aittir.

Hititlerde "tavananna" denilen ana kraliçeler, kral eşleriyle eşit yetkilere sahiptiler.

Avrupa kültürünü özetleyen, Almanlara ait *Grimm Masalları*'nda güzel ve mağdur kızları kurtaran çok sayıda beyaz atlı prens motifi vardır. Türk Halk Masalları'nda ise beyaz atlı prens motifi yoktur. Çünkü Türk kızlarının bizatihi kendi atları vardır; kırk atlı kız arkadaşlarıyla erkeklerin karşısına dikilen Selcan Hatun gibi, Banu Çiçek gibi, kendi atına binen, kendi sözünü geçiren yiğit kadınlar vardır.

Orta Asya'da ilk şamanların kadın olduğu verilerle destekli bir bilgidir. Bir zamanlar küçük obalarda yaşlı ve bilge kadınlar bulunurdu. "Tay" adı verilen bu kadınlar, erkekler

---

* Anonim. (13.yy), *Moğolların Gizli Tarihi*, çev. Ahmet Temir. (2016), Ankara, Türk Tarih Kurumu Yayınları.

arasındaki anlaşmazlıkları, kocalarından şikâyetçi kadınları dinler; temyiz edilmesi mümkün olmayan bağlayıcılıkta kararlar verirlerdi. Bugün Orta Asya'da hâlâ bu kadınların varlığını sürdürdüğü söylenir.

Pek çok nedenden ve ayrıca örneklerini az önce sıraladığım birtakım geleneklerden ötürü kadınlara, analara saygısızlık edilmesini uygun bulmuyorum. Her ne sebeple olursa olsun kadın öldürülemez, oğullar analarını azarlayamaz.

Bugün karısını öldüren kimi erkekler, "Törelerimiz gereği öldürdüm," diye cezai indirim istiyorlar. Bizde böyle bir töre bulunmaz; Türk töresinde kadın öldürmek yoktur. Türklerde ve gerek Anadolu'da gerekse Asya'da Türklere akraba kavimlerde kadınların öldürülmesine izin veren herhangi bir töre yoktur. Moğollar kadın öldürmezdi; Göktürkler, Uygurlar, Hazarlar, Avarlar, Selçuklular, Osmanlılar kadın öldürmezdi (Osmanlı padişahları sadece erkek yakınlarını öldürtür, kadın akrabalarına dokunmazlardı). Bugün Anadolu'nun kadim kültürleriyle harmanladığımız tüm bu kültürlerde kadına, anaya değer verilmesi gerekir (Bildiğim kadarıyla Hititler, Urartular ve Sümerler de kadını öldürmezdi).

Bu konuda sonuç olarak, gerek annem ile babam arasında gözlediğim ilişki ortamından (babam anneme çok saygılıydı, karısının bilgisine ve kişiliğine hayrandı) gerekse olayın tarihsel arka planından ötürü kadına saygısızlık etmek ya da anneyi şamar oğlanı gibi azarlamak, zihnime kabul edilemez bir değer olarak yerleşmiştir.

BAZI GENÇLER NEDEN TALEPKÂR VE ÖFKELİ

Ergenlik dönemini aşmış genç yetişkinler, hatta orta yaşlı kişiler, çevrelerindeki pek çok insana örneğin aile fertlerine, özellikle eşlerine, arkadaşlarına, patronlarına, elemanlarına, trafikte karşılaştıkları insanlara karşı talepkâr ve öfkeli davranabiliyorlar. Aşağıda yalnızca, ergenlik dönemini bitirmiş yetişkinlerin anne-babalarına karşı sergiledikleri talepkâr ve öfkeli davranışların nedenlerini ele almaya çalışacağız. Sözkonusu nedenleri şöyle sıralayabiliriz:

1. Küçük Yaşlardaki Çocuklarına Sınır Koymayan Anne-Babalar

Bir çocuğu hem sevmek hem de ona belirli konularda sınır koymak mümkündür. Günlük yaşamda çocuklara sınır koymak çoğunlukla onları sevmemek olarak algılanıyor. Bu görüş yanlıştır.

Küçük yaşlarda çocuğunuza birtakım sınırlar koyamaz ve ona teslim olursanız, büyüdüğünde yirmisine, otuzuna geldiğinde de sınır koymakta zorlanır teslim olmaya devam edersiniz. Yetişkin yaşlardaki kişilerin anne babalarını istismar etmelerinin önde gelen nedenlerinden biri, üç-beş yaşlarından itibaren onlara anne-babaları tarafından yeterince sınır konulmamış olmasıdır.

Küçük yaşlardaki çocuklarımıza bazı konularda birtakım sınırlar koyamazsak, onlara âdeta teslim olursak, büyüdüklerinde de onlara teslim olmak zorunda kalırız.

Sınır koymak gaddarlık değildir; tüm canlılar birtakım sınırlar içinde yaşar. Doğada hayvanların, kokularıyla işaretledikleri kendilerine özgü birtakım özel alanları (territorial alanları) vardır. Onunla aynı türden başka bir hayvan bu alana girdiğinde saldırıya uğrar. Kültür mantarı sizin sınırlarınız içindedir ancak ormandaki bilmediğiniz pek çok mantar sizin sınırlarınızın dışındadır, onları yerseniz zehirlenebilirsiniz. Benzer şekilde devletlerin ve toplumların zaman içinde değişen ancak belirli bir zamanda şiddetle savundukları kurallar vardır. Bu kuralları ihlal ettiğinizde, sınırlarınız dışındaki mantarı yemiş gibi olursunuz.

İlk defa gittiğiniz bir ülkede, o ülkenin kurallarını az çok bilmek istersiniz. Orada tamamen kendi kurallarınıza göre yaşamak hem size hem de çevrenize sıkıntı verir. Aynı şekilde çocuklar da içine girmeye çalıştıkları bu dünyada neyi yapıp neyi yapamayacaklarını bilmek isterler. Çocuklar muğlak kurallar içinde yaşamaktan da tamamen kuralsız yaşamaktan da rahatsız olurlar. Kendilerine ifade edilen kuralların, yol gösterici ve net olmasını isterler. Kuralların net olması, bir anlamda sınır konulması demektir.

Toplumda öncelikle çocuklara, özellikle erkek çocuklara sınır koymanın gereği anlaşılmalıdır. Kendilerine sınır konmadan yetiştirilmiş erkek çocukları büyüdüklerinde sınır tanımaz, kural tanımaz trafik canavarlarına, eş katillerine, yasak olduğunu bile bile yasa tanımadan düğünlerde silahlarını ateşleyen magandalara dönüşüyorlar. Bu toplumsal garabetin asıl çaresi trafik cezalarını artırma türündeki önlemlerden önce erkek çocukları sınırlarını bilen insanlar olarak yetiştirmektir.

Erkek egemen toplumda, "namuslu olsunlar" diye kız çocuklara daha fazla kural konurken, erkek çocuklarına ise "O kadar olacak, erkektir," mantığıyla yeterince sınır konmuyor. Sonuçta, kızların çoğunluğu büyüdüğünde "namuslu" oluyor, erkeklerin bir kısmıysa katil oluyor.

Bugün bilimsel çerçevede bakarak gerek annelerin gerekse babaların çocuklarını yetiştirirken baskıcı ve bağlayıcı olmadan sınır koymalarının önemini vurguluyoruz. Bence geleneksel kültürümüzde bunun gerekli olduğu şu cümleyle ifade edilmiştir:

"Çocuk aziz, terbiyesi daha aziz."

Kökeni Erzurum olan ancak İstanbul kültürü içinde yetişmiş annem Sabahat Dökmen bu cümleyi zaman zaman telaffuz ederdi. Bu sözde, çocukların aziz varlıklar olduğu, ancak terbiyelerinin de ihmal edilmemesinin yani onlara birtakım gerekli sınırların konulmasının zorunlu olduğu vurgulanmaktadır.

Bütün çocuklar azizdir ancak annemin gözünde sanırım ben çok azizdim. Niçin? Annemle babamın on altı sene çocukları olmamış, bu konudaki umutlarını yitirmişler (Sanırım o yıllarda tüp bebek benzeri seçenekler de yoktu). On yedinci sene bendeniz dünyaya gelmişim. Hatırladığım kadarıyla Erzurum'da evin içinde, köyümüzde ise ev dışında çok özgürdüm. Annem ve babam bana büyük bir hoşgörüyle davranırlardı. Annem, normalde bir kadının izin vermeyeceği şeylere izin verirdi; küçükken salondaki eşyaların yerlerini değiştirip tiyatro dekoru kurardım. Kütüphanenin bir rafındaki kitapları yere koyup rafa perde gerer, küçük oyuncaklarla tiyatro dekoru yapardım. Kitaplar günlerce yerde kalırdı. Ancak bütün bu hoşgörülerine rağmen beni hiç şımartmadılar; annemin "çocuk aziz, terbiyesi daha aziz" mantığıyla sanırım beni haddini ve sınırlarını bilen, topluma karşı sorumlulukları olan bir insan olarak yetiştirdiler.

Nasıl yaptılar bunu? Çok sayıda küçük küçük rehberlikler eşliğinde yaptılar. Beni etkilemiş örneklerden bir tanesini paylaşmak istiyorum. Sekiz yaşlarımdayken bir arkadaşıma bir hediye vermiştim; bir süre sonra ona kızdım ve anneme, "Verdiğim hediyeyi geri isteyeceğim," dedim. O da beni ayıplamadan gayet ciddi bir şekilde, "Canım benim, verilen bir hediye asla geri istenmez," dedi. Bu bilgi, bu uyarı beni etkiledi. Annemin bu sözüne "sınır koymak", "ayar vermek", "rehberlik etmek" diyebiliriz; her ne ad verirsek verelim, sonuçta toplum içinde ne yapıp ne yapamayacağım konusunda benim için küçük dayanak noktalarından biri olmuştu.

Yukarıdaki olaya benzeyen rehberleri, rehberlik ötesi nasihatleri şüphesiz ki pek çok anne-baba sergiliyor. Ancak bu tür anne-baba tavırlarının etkili olabilmesi için anne-babanın çocuğuyla genelde saygıya dayanan diyaloglar kuruyor olması, sağlam ve çocuğa güven veren bir iletişim köprüsü oluşturması gereklidir.

Çocuklara nasıl sınır koyabileceğimiz konusunda, hediye anıma benzer dört örnek daha sunmak istiyorum:

Çocuğunuzun size vurmasını nasıl engelleyebilirsiniz?

Bir yaşından küçük çocuklar istemsiz hareketlerle, bir oyuncağa vurur gibi anne-babalarına vurabilirler. Konumuz bu değil. Ancak bazen iki-üç yaşlarındaki, hatta daha büyük yaşlardaki çocukların kızgınlıkla ve kasıtlı olarak anne-babalarına, daha çok da annelerine vurduklarını görürüz. Bu türden davranışlar, çocuğa artık sınır konulması gerektiğini gösterir bize.

Ben ülkemde beş-altı yaşında oğluyla sokakta dövüşen,

gerçekten dövüşen, anneler görüyorum. Oğlan annesine kızmış, tekmeyle ve yumrukla vuruyor, anne de ona vuruyor (Tabii anne çocuğuna sadece eliyle vuruyor, tekme atmıyor). Bazen bakıyorum, anne sürekli ricat hâlinde (Altı yaşında güçlü kuvvetli, öfkeli oğluyla dövüşen ufak tefek bir anne genelde zorlanır). Bu durum kabul edilemez bir tablodur. Bu annecik, istemeden, geleceğin talepkâr, öfkeli, hatta ileri yaşlarda annesine el kaldırmaya cüret edecek insanını yetiştirmektedir.

Kimi anne-babalar, çocuklarının onlara vurmasını önemsemiyorlar; "Çocuktur büyüyünce geçer," diye düşünüyorlar. Bu yanlış bir başlangıçtır; çizgiyi eğri çizmeye başlarsanız devamı da eğri gelir. Basit bir kuralı çocuk küçük yaşında öğrenmelidir: "Atalara vurulmaz", anne-baba ilk atadır, sonra nineler dedeler gelir. Büyüklere saygı öncelikle öğrenilmesi gereken şeylerden biridir. Anaya babaya vurulmaz. Ataya vurulmaz. Anaya babaya, nineye dedeye kötü söz söylenmez. Ataya kötü söz söylenmez. Bu giriş kazanımının ardından çocuk, hiç kimseye kötü söz söylememesi, kendini koruma dışında asla fiziksel güç kullanmaması gerektiğini öğrenmelidir.

Peki bunu nasıl sağlayacağız?

Yaşı küçük de olsa, otoritenizi kullanıp çocuğunuzdan dayak yemeyeceksiniz. Bu konuda, konuşmalarımda dile getirdiğim bir örneği aktarmak istiyorum:

Diyelim ki üç-dört yaşlarında bir çocuk sokakta kızıp annesine vurdu. Anne duracak, kararlı ve otoriter bir sesle, ciddi bir yüz ifadesiyle, "Ne yapıyorsun sen bakayım? Bir daha vurduğunu görmeyeceğim. Ben sana hiç vuruyor muyum? Sen bana nasıl vurursun? Hemen eve gidiyoruz," türünden bir şeyler söylemeli.

Diyelim ki çocuk, "Ama çocuk bahçesine gidecektik," dedi. Anne, eğer samimiyse, "Şu an bütün keyfim kaçtı. Ben eve gitmek istiyorum," şeklinde karşılık vermeli.

Bu kısa iletişimde anne kararlı ve otoriterdi, ayrıca eli çok güçlüydü. Nasıl güçlüydü, hangi cümlesi onu güçlü kılıyordu? Tabii ki "Ben sana hiç vuruyor muyum?" cümlesi.

Anne-baba çocuğa istedikleri gibi vuracaklar ama çocuk onlara vurduğunda "olmaz" diyecekler. Bu, yanlı davranan bir zorbanın tavrı olur ancak. Bu yüzden, bahsi geçen ifade, eşitlikçi bir bakış tarzını yansıtır. Kural olarak çocuğa vurulmaz. Daha da doğrusu insana vurulmaz. (Hatta bana sorarsanız, hayvanlara da vurulmaz.)

Anne-baba ile çocuk arasındaki iletişimde üç temel boyut vardır:

1. Karşılıklı sevgi: Anne-baba ile çocuk arasında karşılıklı sevgi vardır, olmalıdır. Pratikte olan şudur: Çocuk anne-babasını sevsin veya sevmesin, anne-baba çocuğunu sever, sevmelidir. Çocuklarımız için mümkün olan bütün organlarımızı, hatta gerektiğinde bir anlık kararla hayatımızı verebiliriz.

2. **Karşılıklı saygı:** Gerek çocuklar gerekse anne-babalar, birbirlerine karşı hem sözde hem davranışta saygılı olmalıdır. Anne-babalar eğitim amacıyla bile olsa çocuklarına hakaret edemez, onları dövemezler. Çocuklar da aynı şekilde anne-babalarına sözlü ya da fiziki saldırıda bulunamazlar. Bu durumun yanı sıra anne-babaların, çocuklarının ilgilerini ve ihtiyaçlarını ciddiye almamaları da çocuğa yönelik bir tür saygısızlık sayılmalıdır. Belli bir yaşa gelen çocuklarını kendi istedikleri mesleklere, evliliklere yönlendirmeye çalışan anne-babalar onlara saygısızlık etmiş olurlar.

3. Çocuklar ve anne-babalar birbirleriyle yüzde yüz eşit değildir. Anne-babalar ile çocukların onurları eşittir ancak statüleri/rolleri farklıdır (Bir iş yerinde de çaycı ile müdürün onurları eşittir, ikisi de birbirine hakaret edemez ancak çaycı ile müdürün statüleri, üstlendikleri roller farklıdır). Çocuğun eğitiminden, zihinsel ve bedensel gelişiminden, çağa uygun pozitif bilim kafasına sahip olmasından, toplumsallaşmasından, doğadaki ve toplum içindeki sınırlarını öğrenmesinden anne-baba sorumludur. Bir teşbihte bulunmak istersek, anne-baba ile çocuk yüzde 50-50 oy hakkına sahip değildir; aralarında statü/rol farkı bulunduğu için sembolik anlamda çocuk yüzde 49 ise, anne baba yüzde 51 olmalıdır. Peki anne-baba yüzde 51'i nasıl bölüşmelidir derseniz? Bence yarı yarıya bölüşmeleri gerekir.

Sonuç olarak şunu söyleyebiliriz: Anne-baba çocuğunu hem sevebilir hem yukarıda belirtildiği kapsamda onu sayabilir hem de ona birtakım sınırlar koyabilir. Çocuğa sınır koymak onu sevmemek anlamına gelmez. Çocuk azizdir ancak terbiyesi daha azizdir.

Çocuğunuzun arabada öne oturmasını nasıl engelleyebilirsiniz?

Sınır koyarak ve bu sınırlar konusunda kararlı/ısrarcı davranarak. Yüz yüze görüştüğümüzde pek çok anne-baba bana, "Hocam, oğlum/kızım arabada arkaya oturmuyor. Ne yapayım?" diye soruyor.

Ben de onlara, "Efendim, cümleyi değiştirip 'Ben arkada oturtamıyorum' deseniz nasıl olur? Batılı çocuklar arkaya oturuyorlar; öne oturma ısrarı çocuklarınızın doğuştan gelen bir özellikleri değil. Hem de yaşı küçük olan çocukların arkaya oturmaları konusu, çocuğun değil anne-babanın sorumluluğunda olan bir şeydir," diyorum.

Peki çocuğumuzu arkaya nasıl oturtacağız? Şu iletişime bakalım:

Çocuk: "Ben öne oturmak istiyorum." Anne ya da baba çocukla göz teması kurarak:

"Canım benim, öne oturmak iki açıdan yanlış olur. Birincisi trafik kurallarına aykırı, kanunlarımıza aykırı. İkincisi ise arabayla giderken bir yere çarparsak, ben yetişkin fil ağırlığıyla öne fırlarım, sen ise yavru fil ağırlığıyla fırlarsın. Ben seksen kiloyum, doksan kilometre hızla giderken bir engele çarpınca ben 80x50 yani 4000 kilo ağırlıkla fırlarım. Sen 30 kilosun, sen de 30x50 yani 1500 kilogram ağırlıkla öne fırlarsın."

"Olsun, öne oturayım kemer bağlarım."

"Çocuklar kemer de bağlasalar, önde oturmaları sakıncalıdır. Kemer yetişkin boyutlarına göre üretildiği için önde oturan çocuklara fazladan bir zarar yaratabilir."

Diyelim ki siz, size mantıklı gelen bütün bu açıklamaları yaptınız ve çocuğunuzun arkaya oturup kemer bağlayacağını umuyorsunuz ama o öne oturmakta ısrarlı. O zaman bence şunu söylemek gerekiyor: "Bak canım, senin 'öne oturacağım' diye ısrar etme hakkın var, ancak benim de arabayı kullanmama hakkım var (Çocuğun öne oturma hakkı yok, öne oturacağım diye ısrar etme hakkı var). Sen önde otururken ben bu arabayı kullanamam. Sanırım eve dönmemiz gerekiyor."

Bunları söyleyen bir anne-baba, sınır koymuş ve kararlılık göstermiş olur. Ancak bu tür kararlılıkları çocuğunuzu arkadaşının doğum gününe ya da okulundaki bir baloya götüreceğiniz zaman sergilememelisiniz. Aksi hâlde kararlı tavrınız siz istemeden bir işkenceye dönüşebilir. Bu kararlılığı bir alışverişe giderken sergilerseniz, çocuğunuz daha sonra, onun için önemli bir yere götüreceğiniz zaman büyük bir ihtimalle arkaya oturacaktır.

Çocuğunuzun sürekli olarak sizinle yatmasını nasıl engelleyebilirsiniz?

Doğumu takip eden ilk aylarda çocuk doktorunun da önerisiyle, kendi yatağınızın üzerine özel bir çocuk yatağı koymak kaydıyla çocuğunuzla birlikte yatabilirsiniz. Ancak sekiz aylık, on iki aylık ya da iki yaşındaki çocukların anne-babaların yanında yatması doğru değildir. Bir defa her şeyden önce, hijyen açısından uygun değildir. İki yetişkinle, küçük bir odada aynı havayı solumak çocukta sıkıntı yaratır. Bazı pedagoglar konferanslarında ve kitaplarında güvenli bağlanmanın gerçekleşebilmesi için çocukların ilk iki yıl anneleriyle birlikte yatmaları gerektiğini söylüyor. Bu görüş bilimsel açıdan yanlıştır; güvenli bağlanma böyle sağlanmaz. Çocukla aynı yatakta yatmak hijyen açısından sakıncalı olduğu gibi, üstüne üstlük iki sene çocuğunuzla birlikte yattıktan sonra onu kendi yatağına göndermeniz de son derece zorlaşır.

Geleneksel kültürümüzde zaten çocuklar iki-üç yaşlarına gelene kadar anne-babanın yatağında, annenin tarafında yatardı. Günümüzde bazı anneler, anneanneleri gibi çocuk yetiştirmek istiyor olabilirler. Acaba geleneklerimizden bir ölçüde de olsa kurtulup güncel bilimsel görüşlere ne zaman kulak vereceğiz?

Eskiden ebeveyn yatağının bir kenarı duvara dayanır, bir kenarı boşta olurdu. Babalar rahatça inip çıkabilecekleri kenarı boş tarafta, anneler ise çocukları gece düşmesin diye ortada yatar; çocuklarını da duvarla kendi aralarına yatırırlardı*. Bu durumda çocuk belki yataktan düşmeme konusunda güvende olurdu ama yatağa girip çıkmak isteyen anneler ayağa kalkıp kocalarının üzerinden atlamak zorunda kalırlardı.

Çocukların güvenli bağlanmalarını sağlamak istiyorsak, birinci derecede çocukla ilgilenen kişinin, örneğin annenin, onun ihtiyaçlarını elden geldiğince çabuk gidermesi, altı ıslanınca değiştirmesi, belli saatlere bağlı olarak acıktığında

* Dökmen, Ü. (2011), *İnsanın Korunaklısı-2: Mımarî.* İstanbul, Remzi Kitabevi.

doyurması gereklidir. Bu ilginin yanı sıra annelerin çocuğa sarılması, bağrına basması, onu öpmesi, onunla konuşurken çocuğun gözlerine bakması gerekir. Ayrıca, nasılsa anlamaz düşüncesiyle çocuğa küçük beyaz yalanlar söylememesi, onu kandırmaya çalışmaması, habersizce evden kaçmaması, bunun yerine vedalaşarak ayrılması gerekir. Bir çocuğun güvenli bağlandığının en önemli göstergesi, anaokuluna giderken büyük sorun yaşamamasıdır. Güvenli bağlanma konusunda pek çok bilimsel eser mevcuttur*.

Çocuğunuzun kendi yatağında yatmasını sağlamak için onu mümkünse bitişik bir odadaki, imkânınız yoksa kendi yatak odanızdaki müstakil yatağında yatırmalısınız (Yan odada yatan çocuğun uyku sırasında karşılaşabileceği sıkıntıları anne-babaya haber verecek elektronik sistemler eskiden yoktu, artık var). Çocuklar birkaç aylıktan itibaren kendi yataklarında yatabilirler; çocukların hem kendi yataklarında yatmaları hem de anne-babalarına güvenli bağlanmaları mümkündür.**

Çocuklar niçin anne-babalarıyla yatmak ister? Biraz kendilerinden kaynaklanan nedenlerden ötürü, biraz da anne-babanın özellikle de –danışanlarıma bakılırsa– annelerin tercihlerinden ötürü. Pek çok anne bana, "Hocam benimki üç yaşında, hâlâ bizimle yatmak istiyor. Ne yapayım?" diye fikir danışıyor. Ben de onlara, "Efendim, çocuğunuz uyumayıp da gecenin bir yarısında ayıcığını kucaklayıp yatağınıza geldiği zaman hoşunuza gidiyor mu?" diye soruyorum. Küçük bir gülüşün ardından annelerin bu soruya cevabı genellikle, "Valla çok hoşuma gidiyor," şeklinde oluyor. Ben de onlara, "İşte sanırım çocuğunuz bu yüzden yanınıza geli-

---

* Yavuzer, H. (2016), *Ana-Baba ve Çocuk*. İstanbul, Remzi Kitabevi; Hecebil, S. (2019), *Çocuk Psikolojisi*. İstanbul, Remzi Kitabevi, 26. basım.

** Hogg, T. ve Blau, M. (2017), *Bebek Bakım Sorunlarına Mucize Çözümler*. İstanbul, Gün Yayıncılık, 19. basım.

yor," diyorum. Az sonra da göreceğimiz gibi bağımlılık tek taraflı değil, iki taraflı olarak ortaya çıkan bir olaydır.

Çocuğunuza sofrada yemek yeme alışkanlığını nasıl kazandırabilirsiniz?

Tüm anne-babalar çocuklarının yemeğini belli saatlerde sofrada yemesini ister ancak bazıları bunu başaramaz.

Neden? Yemek saati konusunda kararlı olmadıkları, çocuklarına sınır koyamadıkları için. Küçük yaşlardan itibaren "sussun da yemek yesin" diye çocuğun eline tablet ya da cep telefonu tutuşturdukları için başaramazlar. Sofrada, yemek yedirirken dikkatinin başka yere kayması için çocuğun eline bir tablet verdiğinizde, yemek başlı başına bir keyif unsuru olmaktan çıkıp, tabletle desteklenen bir etkinlik durumuna düşmektedir. Kime ait olduğunu hatırlamadığım güzel bir söz var. "Yemek yerken müzik dinlemek hem aşçıya hem besteciye hakarettir." İdil Biret, Suna Kan, Fazıl Say konser verirken yemek yiyemezsiniz, su bile içemezsiniz. Beethoven'ı, Albinoni'yi, Ravel'i, Şakir Ağa'yı, Hacı Arif Bey'i, Zeki Müren'i, Neşet Ertaş'ı dinlerken yemek yiyemezsiniz, yememelisiniz. Büyüdüklerinde bu adaba sahip olabilmeleri için de çocuklarımız ya yemek yemeli ya da tabletle uğraşmalıdır.

Çocukların yemek yeme düzenlerinin tamamen onların inisiyatifine bırakılmaması, belli sınırların konması, psikolojideki bir ifadeyle onların yemek yeme davranışlarına şekil verilmesi gerekir. Diyelim ki o evde üç öğün yemek yeniyor; her öğünün ille de aynı saatte olması şart değildir ancak yaklaşık aynı zamanlarda sofra kurulduğunu düşünelim. Farz edelim ki çocuğunuz hiçbir şey yemedi; onu, "Biraz sonra sofrayı kaldıracağım," diye uyarabilirsiniz. Sofra toplandı diyelim; çocuğunuz iki saat sonra acıktığını söylerse, pek çok annenin yaptığı gibi ona özgü sofra kurmamalı, yemek saatine kadar beklemesi gerektiğini söylemelisiniz. Çocuğunuz böylelikle belli öğünleri zamanında yemeği öğrenecektir. Ancak ve ancak...

Pek çok anne bana, bu öneriye uyduklarını ancak çocuklarının yine de sofrada hiçbir şey yemediğini söylüyorlar. Bu durumun açıklaması şudur: Çocuk büyük bir ihtimalle öğünler arasında abur-cubur yiyordur. Muhtemeldir ki ailedeki herkesin abur-cubur yeme alışkanlığı vardır. Bir çocuk iki öğün arasında yarım gofret, bir çikolata, iki cips yiyerek, sofrada hiçbir şey yemeden sağlıksız bir beslenmeyle günlerini geçirebilir. Ev ortamından abur-cubur kaldırılmalıdır. Şüphesiz ki ara öğünler biraz meyve, biraz süt şeklinde düzenlenebilir. Ancak bu ara öğünler gofret ve cips olmamalıdır.

Yemek yeme düzeninde çocuğun hiç mi inisiyatifi, tercihi olmayacak? Elbette olacak ancak kısmen olacak. Tüm kontrol çocuğun ya da anne-babanın elinde olmayacak. Örneğin çocuğunuzun yemek tabağını, fincanını kendisinin seçmesini sağlayabilirsiniz. Tencereden tabağına istediği miktarda almasına izin vermelisiniz. "Ama az alıyor," diyebilirsiniz ancak siz koyunca hiç yemiyor. İlk seferlerde az alabilir, sonra isterse daha fazla alacaktır.

Sağlıklı çocuklar yetiştirebilmek ve yetişkinler dünyasında da işleyişin, özellikle devlet işlerinin sağlıklı ve ahlaki bir şekilde gerçekleşebilmesi için sınırların net olması ve net algılanması gereklidir. Bu konuda ünlü bir deyişi hatırlatmak isterim:

"Nein ist nein!" ne demek?

"Disiplin, disiplin ve disiplin" diyen Alman kültürünü betimleyen bir de "Nein ist nein!" şeklinde bir cümle vardır. Bu ifade dilimize, "Hayır hayırdır" şeklinde tercüme edilebilir. Demek ki Almancada "hayır", "hayır" anlamına geliyormuş. Hayır kelimesi dilimizde ise pek çok farklı anlama gelir. "Dur bakalım, sabah ola hayır ola" diye anlayabiliriz. "Belki" diye, ya da "Hele bir bakalım kısmetse olur," şeklinde algılayabiliriz. Alman olmadığı için olsa gerek, hayır konusunda ünlü bir İngiliz tiyatro yazarının bile kafası karışıkmış anlaşılan. Bir eserinde, cinsiyetçi bir bakış tarzıyla, "Eğer bir kadın 'hayır' derse, bu 'belki' demektir; eğer 'belki' derse, bu da 'evet' demektir," demiş. Kadınlarımızın ve erkeklerimizin, "evet"lerinin evet, "hayır"larının da hayır olmasını diliyoruz.

Gençlerin Anne-Babalarını Model Almaları

Eğer yetişkin yaştaki biri bir zamanlar kendi anne-babasını, ekonomik açıdan ya da öfkelenerek istismar etmişse bu kişi, çocukları yetişkin yaşa geldiğinde, büyük bir ihtimalle kendisi de onlar tarafından istismara uğruyor. Bu nasıl oluyor?

Bazı anne-babalar, bir zamanlar kendi anne-babalarına çektirdiklerini, farkında olmadan çocuklarına anlatıyorlar. Çocuklar yetişkin yaşa geldiklerinde, dedelerini-ninelerini görmemiş bile olsalar, kendilerine anlatılanların etkisiyle anne-babalarını model alıyorlar, onları bir şekilde istismara başlıyorlar.

Eğer dedeleri, nineleri hayatta ise bazı gençler, anne-babalarının onları istismar ettiğini birinci elden gözlüyorlar. Dede-nine, anne-baba ve çocuklar üç kuşak olarak birlikte yaşıyorlarsa, aynı evde oturmasalar bile çocuklar geleceğin gençleri olarak anne-babalarının dedelerini, ninelerini ekonomik açıdan ve ayrıca öfkeleriyle istismar ettiklerini görüyorlar. Bu gençler, istismar kavramını bilmiyor bile olsalar anne-babalarının davranışlarını model alarak, büyük bir ihtimalle yaşları büyüdüğünde kendi anne-babalarını ekonomik istekleriyle ve öfkeleriyle istismar edeceklerdir (Günlük dilde bu duruma "Etme bulma dünyası" denir).

Sonuçta bu olay, kuşaktan kuşağa, âdeta bir bayrak yarışı gibi sürmektedir.

İleri yaşlardaki bazı erkeklerin annelerine yönelik talepkâr ve öfkeli davranışlarının nedeni, bir zamanlar babalarının babaannelerine yönelik öfkeli ve aşırı talepkâr davranışlar sergilemiş ve hatta hâlâ bu davranışları sürdürüyor olmalarıdır. Mutfağa gidip suyunu kendisi almayan, yemekten çamaşıra eşinden sürekli talepte bulunan, önüne koyulan yemeği sıklıkla eleştiren, sürekli ota yoka sinirlenen nice erkek var. Beşinden otuz beşine kadar bu duruma şahit olan çocukların da genelde babalarını model almaları, vurun abalıya mantığıyla, annelerini yerli yersiz eleştirmeleri, onlardan sürekli bir şeyler istemeleri oldukça yaygındır.

Bazı ailelerde –belki de çok sayıda ailede– kadınlar, özellikle ev dışında bir işte çalışmayan kadınlar, ev işleri konusunda mecburcu sayılırlar; eşleri ve çocukları, hatta kayınvalideleri ve kayınpederleri onları hiç farkında olmadan bir tür maaşsız hizmetçi, başka bir deyişle halayık yerine koyarlar.

Halayık Anneler

Osmanlı'da, daha çok İstanbul'da, bazı konaklarda "halayık" adı verilen kadın köleler vardı. Özellikle yaşlı halayıklar, ki bunlar daha çok zenci hanımlar olurdu, konakta var güçleriyle çalışır, sorumluluk alır, bir tür vekilharç rolü üstlenir ve çocukların bakımından sorumlu olurlardı. Halayıklar bütün bu işleri içlerinden gelerek yapar, bir zamanlar satın alınmış bir köle olduklarını âdeta unutur ve birlikte yaşadıkları ailenin ayrılmaz bir parçası hâline gelirlerdi.

Ancak her şeye rağmen halayık sonuçta bir köleydi, sahibi istese onu götürüp pazarda satabilirdi. Fakat satılan halayığa hemen hemen hiç rastlanmaz, halayıklar arada azarlansalar da aile tarafından saygı ve sevgi görürlerdi. Hatta bazı konakların kızları evlendikleri zaman konağın halayıklarından birini yanlarında götürürdü. Bu kadınlara, "çeyiz halayığı" adı verilirdi. Çeyiz halayıkları hem küçük hanımlarına hem de onların ileride doğacak çocuklarına bakmaya devam ederlerdi. Bir halayık ile hizmetçi arasındaki en önemli fark hizmetçiye ücret ödenmesi, halayığa ise ödenmemesiydi.

Köle olarak satın alınma durumunu bir yana bırakırsak, günümüzde bazı kadınların kendi evlerinde, eşleri ve çocukları tarafından bir tür halayık yerine konduklarını düşünmek mümkündür (Başlık parasıyla evlendirilmiş olan kadınların halayık kavramına daha bir yakın olduklarını, üzülerek ve rahatsız olarak düşünebiliriz). Sürekli olarak evi için koşturan, ev halkını memnun etmeye çalışan ancak bütün bunların karşılığında ne bir ücret, ne bir teşekkür alan, üstüne üstlük sürekli olarak eleştirilen, hatta azarlanan kadınların, annelerin halayıktan ne farkları var?

Oruçlu Anneler

Anne-babalarını model almaları sonucunda gençler, özellikle erkekler, annelerini muhtemelen farkında olmadan üzmekte, onlar karşısında talepkâr ve öfkeli davranmaktadırlar. Erkeklerin bu şekilde davranmalarının nedeni sadece kendi babalarını model almaları değildir. Onlar genelde toplumun kadına bakış tarzından da etkilenirler. Bir anlamda amcalar da genç erkeklere kötü örnek olmaktadır. Erkeklerin kadınlardan, annelerden sürekli bir şeyler talep etmeleri oruç konusunda da karşımıza çıkar.

Oruçlu kadının kocası huysuzsa

Kur'an-ı Kerim'e göre yemek, içmek, cinsel ilişkide bulunmak orucu bozar. Oruç tutan kişiler pratikte bu ilkeye uyarlar. Ancak halk arasında şöyle bir eğilim (teamül) vardır: Eğer oruçlu bir kadının kocası aksiyse, yemeğin tadı-tuzu konusunda sıklıkla huysuzluk ediyorsa, bu kadın oruçluyken yemeğin tadına bakabilir. Bu ifade sadece bir yorumdur; Kur'an-ı Kerim'de, kocası aksi olan kadınların yemeğin tadına bakabilecekleri şeklinde bir hüküm yok. Toplumun sağduyusu –belki de bir fetva– böyle bir fikir ortaya çıkarmıştır.

İlkokuldayken bu görüşü duyduğumda kadınların korunduğunu, karı-kocanın arası açılmasın diye toplumun bu türden bir öneri ortaya attığını düşünmüştüm. Ancak şimdi olaya baktığımızda toplumun bu konuda da yanlı davrandığını, kadından fedakârlıkta bulunmasını talep ettiğini görüyoruz. Yemeğin tadına bakmak orucu bozmaz ama herhalde sakatlar. Toplum bunu bile bile kadından orucunu sakatlayıp eşini memnun etmesini istiyor. Peki toplum bunu yapmak yerine niçin erkeklere, "Ey değerli kardeşlerimiz, hiç olmazsa Ramazan'da aksilik etmeyin, eşinizin oruç ağız pişirip, güç zahmet önünüze koyduğu yemeği eleştirmeyin, biraz anlayışlı olun," dememiş?

Sonuçta kadın her zaman –oruçlu bile olsa– kendisinden bir şeyler talep edilen kişidir. Bazen kocası talep edebilir, bazen çocukları. Oruç örneğinde olduğu gibi bazen de bütün bir toplum kadından fedakârlık bekler.

3. Çocukların Bağımlı Yetiştirilmesi

Çocukların bağımlı yetiştirilmeleri, ileride yetişkin yaşa ulaştıklarında aşırı talepkâr olmalarının başlıca nedenlerinden biridir. Bebekler elbette çevrelerine bağımlı olmak zorundadırlar. Doğar doğmaz yürüyen birçok memeli yavrusundan farklı olarak insan yavrusu bedensel ve zihinsel gelişimini doğduktan sonra tamamlayacaktır. Ancak bebeğin anneye bağımlılığı yaşı ilerledikçe azalmalıdır; bağımlılığın bağlılığa dönüşmesi gereklidir. Eğer beş yaşındaki çocuğa annesi yemek yediriyor, yedi yaşındaki çocuğun tuvalet temizliğini annesi yapıyorsa, ilerde her iki tarafa da sıkıntı yaratacak bağımlı bir ilişkinin temelleri atılmış demektir.

Anneler çocuklarının hemen tüm isteklerini yerine getirmeye her an hazır olduklarında, çocuklarının özbakımını onların yerine yaptıklarında çocuklar giderek "yapan" değil, "yapılmasını isteyen" varlıklara dönüşürler. Altı yaşındaki bir çocuğun annesinden su istemesini doğal kabul edebilirsiniz, sevimli bulabilirsiniz ancak bu çocuk yirmi beş yaşına geldiğinde hâlâ suyu annesinden istiyorsa, bu durumu sevimli değil, aşırı talepkâr olarak yorumlarız.

Kedisi olanlar iyi bilirler, kediniz size bağımlıdır ancak siz de kedinize bağımlı olursunuz; onu evde bırakıp yaz tatiline çıkamazsınız. Benzer şekilde bağımlı yetişkinler ile anneleri arasında da karşılıklı bağımlılık vardır. Bazı kadınlar mecbur kalıp üç günlüğüne bir başka şehre gidecek olsalar, gitmeden önce buzdolabını tıka basa yiyeceklerle doldurur, evi tertemiz hâle getirirler. Ancak döndüklerinde evin içi darmadağınıktır, o muhteşem buzdolabına rağmen kocaları ve oğulları açlık sınırına yaklaşmışlardır; pişmiş yemeği dolaptan çıkarıp ısıtamazlar. Bu durum karşısında kocası, "Hanım bir daha gitme Allah aşkına, sen olmadan yapamıyoruz," der. Kadıncağız ise suçluluk ve pişmanlık duyguları içinde, "Ah yavrum, ben olmadan yapamıyorlar," diye düşünür ve bir daha da bir yere gitmez.

Sevgili Doğan Cüceloğlu yıllar önce bir konferansında, beş-altı çocuklu bir aile içindeki diyalogdan söz etmişti. Diyalog şöyleydi:

"Annee!"

"Yavrum."

"Annee!"

"Yavrum."

"Annee!"

"Yavrum."

"Hanım!"

"Yavrum."

İşte bu kadar; olacağı buydu.

Bir çocuk niçin bağımlılık geliştirir? Olayı özetle şöyle açıklayabiliriz: Çocuk büyüdükçe yaşına uygun birtakım özbakım becerileri edinebilir. Örneğin yemeğini kendisi yiyebilir, giyinebilir, ödevleri –belki bir miktar destekle– kendisi yapabilir, belli yaşta kendisi yıkanabilir. Ancak büyükleri örneğin annesi, "Ben ondan daha iyi yaparım," düşüncesiyle çocuğun özbakımını bütün bütüne üstlenirse çocukta "Ben yapamıyorum" inancı yerleşmeye başlar. Sonuçta özgüveni gelişmez, çocuk bağımlı hâle gelir.

Eğer bir çocuk kademe kademe özbakımını yaşına uygun şekilde kendi üstlenirse, özgüveni gelişir (Özgüvenin gelişmesi için çevreden gelecek birtakım başka uyarıcılara da ihtiyaç vardır). Özgüveni gelişmeyen çocuk çevresine, en fazla da ona bakım veren kişiye bağımlı hâle gelir.

Bağımlılık duygusu bir anlamda, "O olmadan ben yaşayamam," düşüncesine dayanır. Bu yüzden anne-babaya bağımlı olan çocuklar onları kaybetmekten daha çok korkarlar. Bütün çocuklarda az ya da çok bu korku vardır, ancak bu endişenin bağımlı çocuklarda kaybetme kaygısına dönüşme ihtimali yüksektir.

Bir kadın güzel yemekler yaptığında, çamaşırları yıkayıp, ütüleyip, katlayıp dolaba koyduğunda, başlangıçta eşi ve çocukları, "İyi yapıyorsun," derler. Ancak pek çok evde bu olumlu ileti giderek "Niye yapmıyorsun?" hesap sormasına dönüşür. Eşi, anneyi istismar çıkar ortaya. "İyilik olsun diye yaptığın şeyler bazen görevin hâline gelir," sözü, sadece işyerlerinde veya mahallelerde değil evlerde de geçerlidir.

İlerleyen bölümlerde, "Aile İçi İletişim Kopukluğu" başlığı altında, empatinin, çocuğu ciddiye almanın ve dürüstlüğün samimi bağlanmaya yol açtığını, samimi bağlanmanın bulunduğu ailelerde ise istismarın ortaya çıkmayacağını belirteceğiz.

4. Tükenmeyen Kaynaklar Efsanesi

Insanların zihinlerinde, sahip oldukları şeylerin bitimsiz, sonsuz olduğu yolunda farkında olmadıkları birtakım kalıp yargılar ve şablonlar vardır. Bunlar insanların davranışlarını şekillendirir. Örneğin;

"Annemin babamın sevgisi, ilgisi tükenmez."

"(Âdeta) annemin sütü tükenmez."

"Annemin babamın maddi güçleri, bana verdikleri harçlıklar tükenmez."

"Annem, babam ölmez." (İnsanlar aslında anne-babalarının ölmesinden korkarlar. Ancak bu durumun çok uzak bir gelecekte ortaya çıkacağını varsayarlar, ortaya çıktığında ise "Demek ki benim anne-babam da ölebiliyormuş" diyerek hayrete kapılırlar.)

"Hep böyle genç ve dinç kalacağım."

"Doğal kaynaklar, ormanlar, kaynak suları tükenmez; denizler, okyanuslar kirlenmez."

"Ülkemizin, devletimizin imkânları sonsuzdur, tükenmez."

Oysa bunlar ve benzeri düşünceler, gerçekçi olmayan birtakım efsanelerden ibarettir. Kişiye özgü ve dünyaya ait kaynakların tükenmez olduğu duygusu, düşüncesi sadece bir varsayımdır. Her şeyin bir sonu vardır. Mısır piramitleri bile bin yılda bir metre kadar kısalmaktadır; bir gün onlar da yok olacak. Kişiler sahip oldukları şeylerin, sağlıklarının, yakınlarının veya doğal çevrelerinin hiç tükenmeyeceğini zannederlerse, kısa vadede rahat etseler de uzun vadede hayal kırıklığına uğrarlar. İnsanlar, anne-babalarının varlıklarının ve kendilerine yönelik ilgilerinin hiç bitmeyeceğini varsaydıklarında, bir gün bunlar bittiğinde "Keşke öyle davranmasaydım" diye esef etmeye başlarlar. Bir gün esef etmemek için, bugün sahip olduğumuz kaynaklarla ve özellikle anne-babalarımızla daha sağlıklı etkileşimde bulunmalıyız; bir gün ilgilerini ve kendilerini kaybedebileceğimizi ara ara da olsa (her an değil) hatırlamalıyız.

İlk kez *İnsanın Korunakları-1*[*] adlı kitabımda ortaya attığım "Tükenmeyen Kaynaklar Efsanesi" kavramı, yaşamı algılamada yapılan çarpıtmalardan biridir. Bu kavram ile aşağıda ifade edilen Klein'a ait haset duygusu arasında yakın ilişki vardır.

* Dökmen, Ü. (2015), *İnsanın Korunakları-1*. İstanbul, Remzi Kitabevi, 3. Basım.

5. Haset Duygusuyla Baş Edememek

Melanie Klein'ın "Nesne İlişkileri Kuramı" bize, Freud'un açtığı yoldan daha ilerisini görme fırsatı verdi. Klein, *Haset ve Şükran** adlı kitabında, küçük yaşlardan itibaren kazanılan haset duygusunun kişiyi tüm yaşamı boyunca etkilediğini, bebeğin ilk aylarda annesiyle ve memeyle oluşturduğu etkileşimin ileri yaşlarda insanlarla, eşiyle, işiyle, para ve benzeri tüm nesnelerle olan ilişkilerinin temeli olduğunu belirtiyor.

Klein'a göre kişi, sahip olmak istediği şeyin bir başkasında bulunduğunu, ona haz verdiğini gördüğünde acı ve öfke duyar; bu hasettir. Kıskançlık hasetten farklıdır. Kıskançlıkta kişi elindekini bir başkasına kaptırmaktan korkar. Yine Klein'a göre insanların bebekken haset duydukları, sahip olmak istedikleri ilk nesne kendilerini besleyen memedir**.

Haset, yaşam boyunca kişiyi güdüleyen bir hâle de dönüşebilir; karşıdakinin elindekini almak yerine, ona özenip, çalışarak onun sahip olduğu şeye, örneğin mesleğe, unvana, eşyaya sahip olma isteğine de yol açabilir. Ya da haset duygusu, talepkârlıkla, saldırganlıkla yıkıcı bir tablo da ortaya çıkarabilir.

Yukarıda da ifade edildiği üzere, haset duygusuyla tarafımca ortaya atılmış "Tükenmeyen Kaynaklar" kavramı arasında

---

* Klein, M. (2018), *Haset ve Şükran*. Çev. Koçak, O. ve Erten, Y. İstanbul, Metis Yayınları, 5. Basım. (Klein'ın sözkonusu kitabının orijinal adı *Envy and Gratitude*; bu durumda bu adı dilimize haset ve şükran olarak çevirmek mümkündür. Ancak "gratitude"un karşılığı olarak "teşekkür" kelimesini kullanmaktan yanayım. Çok da emin olmamakla birlikte şu andaki düşüncem, şükran kelimesinin gerek mistik gerekse tarihsel açıdan yıpranmış olduğudur. Amerika Kıtası'na ilk giden Avrupalılardan bir grup aç kaldığında, onlara hindiyle patates veren ve o coğrafyada tarım yapmayı öğreten kıta yerlilerine teşekkür anlamında, ABDliler bir güne "Şükran Günü" adını vermişler. İyi de *Tüfek, Mikrop, Çelik* adlı kitapta da belirtildiği üzere, izleyen zaman içinde beyazlar Kızılderililerin âdeta soylarını kurutmuşlardır. Bu ve benzeri gerekçelerle, Klein'ın kitabının Türkçeye uyarlanmış hâline Haset ve Teşekkür demek istiyorum.)

** a.g.e.

ilişki vardır. Bize sunulan kaynakların özellikle de annelerimizin verici tavrının ve gücünün tükenmez olduğu yolunda bir efsane vardır kafalarımızda. "Versin, bana versin, hep versin hayır demesin," diye düşünürüz. Vermezse kızar, haset ederiz.

Doğa da her istediğimizi versin isteriz; annemizi istismar eder gibi doğayı da istismar etmeye çalışırız. Doğaya da haset ederiz; gökyüzündeki kuş orada uçmasın, benim olsun, şöminemin üzerinde dursun isteriz. "Annemin tüm emeği, enerjisi, ilgisi benim hakkımdır. Gökteki kuşun orada ne işi var, o da benim hakkımdır. İşçinin emeği benim hakkımdır. Temiz hava, temiz su benim hakkımdır," deriz âdeta. Ama suya kimyasal atık atar, fabrika bacalarına filtre takmamak, maden ocaklarına kaçış odası yapmamak için yetkilileri bir şekilde ikna ederiz.

6. Erkek Çocuğun Değerinin Abartılması

Bazı toplumlarda, maalesef bizde de, erkek çocuğa abartılı değer verilir. Çocuk ya da yetişkin olsun bir erkeğe "Aslan oğlum, paşa oğlum" diye abartılı bir güç atfettiğimiz zaman, erkek aslında bu kadar da güçlü olmadığını alttan alta hissedip Gratch'in de çok güzel ifade ettiği gibi âdeta, "Ben niçin bu kadar güçlü değilim," diye utanç duymaya başlar*. Utanç duygusu, kişinin kendine öfke duymasına yol açacaktır. Bence kişinin kendine öfkelenmesi, bilişsel ve duygusal yönden pahalıya patlayan bir olaydır. Bu nedenle kişi kendine yönelik öfkeyi dışarıdaki birtakım kişilere, sözgelimi annesine, kardeşine, eşine, trafikte karşılaşacağı tüm sürücülere yansıtacaktır.

Diyelim ki bir erkek 170 cm. boyunda, 70 kilo ağırlığındadır. Ancak bu erkek çevresinden özellikle de annesinden gelmiş iletilerle boyunun iki metre, kilosunun ise 95 olduğu yolunda çarpıtılmış bir algıya sahipse, üstelik bir de Kıvanç

* Gratch, A. (2002), *Erkekler Dile Gelse*. İstanbul, Doğan Kitap, 3. Basım.

Tatlıtuğ gibi yakışıklı olduğuna inanmışsa, böyle olmadığı için alttan alta utanacak ve devamında da öfkeli ve talepkâr olacaktır. "Benim aslan oğlum elini sallasa ellisi" efsanesiyle büyütülmüş bir erkek çocuk, yetişkin yaşa gelip bunun bir safsata olduğunu anladığında, üstelik bir de iş bulamadığında, büyük bir ihtimalle utanç duyacak ve öfkelenecektir.

Abartılmış, kışkırtılmış "güçlü insanım" duygusunun erkekleri benmerkezci bir ruh hâline getirdiği; başkalarına, özellikle anneleriyle birlikte yaşıyorlarsa annelerine karşı, fazlaca talepkâr ve öfkeli hâle getirdiği kanısındayım.

7. Anne-Babaların Çocuklarını "Hayat İnsanı" Olarak Yetiştirmemesi

Çocukluğumda babam için iki önemli değer vardı; biri dürüstlük, diğeri o günlerin ifadesiyle "hayat adamı" olmaktı (Şimdi "hayat insanı olmak" diyoruz, o zamanlar "hayat adamı olmak" denirdi).

Babam tam bir hayat insanıydı; babası o doğmadan şehit olmuş, iki yaşındayken annesi, dört yaşındayken amcası ölmüş. Yakını, akrabası olmadan büyümüş. Ancak buna rağmen küçük yaşlardan itibaren çalışmış, okumuş, iyi bir zanaatkâr ve sanatkâr olmuş. Babam mücadeleci, kendini ezdirmeyen, yanında çalışanları da ezmeyen dürüst bir insandı. Beğendiği insanların arkasından, "Bu adam hayat adamı, ekmeğini taştan çıkarır," derdi. Açıkça söylemezdi ama sanırım benim hayat adamı olmadığımı düşünürdü. Derslerim çok iyiydi, sürekli okurdum ancak gençliğimde tuttuğunu koparan bir insan değildim. Yirmi yedi yaşıma kadar çalışıp para kazanmamıştım. Tatillerde bir işte çalışmaya hiç niyetim yoktu ki anne-babam da buna izin vermezdi. Sonuçta, kendimden ve ailemden kaynaklanan nedenlerden ötürü, babamın görüşüne göre "hayat adamı" değildim.

Şimdi gençlerin hatta çocukların aşırıya kaçmadan, anne-babanın para hırsının esiri olmadan, tatil günlerinde özellikle de yaz aylarında kendilerine ve oyun oynamaya zaman ayırmanın yanı sıra birtakım işlerde çalışabilecekleri görüşündeyim. Güvenilen birinin yanında, güvenli bir işte, çocuğun sınırlarını zorlamadan, kendi isteğiyle çalışması pek çok yönden yarar getirecektir. Kısmi statülü işlerde çalışmak çocuğun/gencin hayata hazırlanmasına, korunaklı cam fanusa benzeyen evinin dışına çıkıp yaşamı ve hesabı-kitabı öğrenmesine, iletişim becerisini geliştirmesine, özgüven ve yılmazlık kazanmasına imkân tanıyacaktır.

Bu konuda Prof. Dr. Acar Baltaş'ın güzel bir görüşü var. Baltaş, "Bizler çocuklarımızı refahımıza ortak ediyoruz, hayatımıza ortak etmiyoruz," diyor. Gerçekten de onları, hafta sonlarında müzik kursundan yüzme kursuna taşıdığımızda ya da yaz tatillerinde beş yıldızlı tatil köylerine götürdüğümüzde onları refahımıza ortak ediyoruz. Şüphesiz ki bunu yapmalıyız ancak bunun yanı sıra onları ülkemizin köyleriyle, farklı yerleşkeleriyle tanıştırmalı, farklı hayatlara şahit olmalarını sağlamalı, küçük adımlarla da olsa çalışma yaşamıyla da tanıştırmalıyız. Bir anlamda, küçük yaşlardan başlayarak onların hayat insanı olmalarına rehberlik etmeliyiz.

8. Aile İçinde İletişim Kopukluğu

Bu bölümde kaliteli iletişim kurmanın, iletişime dinleyerek başlamanın, empati kurmanın, karşıdakini ciddiye (kale) almanın ve dürüstlüğün önemi vurgulanacaktır. Öncelikle iletişim kültürleriyle ilgili olarak ortaya koymak istediğim küçük bir sınıflamadan söz edeceğim.

Pek çok iletişim sınıflaması var. Ben alışılmış tanımların biraz dışına çıkarak, bir gruptaki güç dengesinin iletişime yansımasını dikkate alan üç tür iletişim kültürü tanımlamak istiyorum:

1. Dinleme kültürü (karşılıklı konuşmak, empati kurmak)
2. Söyleme kültürü (nasihat etmek, soru sormak, emir vermek)
3. Söylenme kültürü (sızlanmak, bağırıp çağırmak)

Dinleme Kültürü

Bir ailede dinleme kültürü varsa, o ailedeki karı-koca –her zaman olmasa bile– sıklıkla birbirlerini ve çocuklarını dinler, zaman zaman onlarla empati kurarlar.

Yaşı kaç olursa olsun konuşurken karşımızdaki kişinin yüzüne bakmak, özellikle küçük yaşlardaki çocukların gözlerine bakmak önemlidir. Bir kişinin yüzüne bakarak onu dinlemek o kişiye değer verdiğiniz anlamına gelir.

Aile içinde eşler birbirleriyle, özellikle de çocuklarıyla empati kurma becerisine sahip olmalıdır. Empati, karşımızdakinin duygu ve düşüncelerini anlamak –anlamaya çalışmak– ve anladığımızı o kişiye ifade etmektir. Sempatide yandaşlık ve özdeşim vardır ancak empatide karşımızdakini anlamak esastır. İnsanlarla, özellikle de çocuğunuzla empati kurmada her zaman başarılı olamayabilirsiniz ancak empati kurmaya çalışmak başlı başına bir iletişim becerisidir; karşılıklı saygıyı, bağlılığı oluşturur.

Bence dinleme kültürü, empatik iletişim, su gibi doğal bir ihtiyaçtır. Suyun dışında, çaydan gazoza ve boyalı meyve sularına kadar, bazısı faydalı, bazısı zararlı pek çok başka içecek var. Ancak su temel içecektir. Şüphesiz ki diğer içecekleri de içebilirsiniz fakat asıl olan içinde mikrop veya plastik barındırmayan sağlıklı, kaliteli suları içmektir. Benzer şekilde zaman zaman yakınlarımıza elbette sorular sorabiliriz, onlara söylenebiliriz, hatta kızabiliriz. Ancak dinleme kültürünü, kaliteli iletişimi yaşantımızın dışına çıkarmadan bunları yapmalıyız. Dinleme kültürünün karşıtı ise söyleme kültürüdür.

Söyleme Kültürü

Söyleme kültüründe karşındakini dinlemek değil, ona bir şeyler söylemek esastır. Söylenen şeyleri nasihat etme, soru sorma ve emir verme şeklinde üç grupta toplayabiliriz.

Nasihat etme

"Evladım iyi çalış, bu senin istikbalin."

"Çok masraf etme hanım."

Soru sorma

"Okul nasıl geçti bugün?"

"Akşama yemekte ne var hanım?"

"Ellerinizi yıkadınız mı?"

Emir verme

"Onu getir, bunu götür, gürültü yapma oğlum, saçınla oynama kızım!"

"Hanım benim asabımı bozma!"

Öyle görünüyor ki bu üç iletişim tarzı dışındaki iletişimler yeterince kullanılmıyor. Ya bilinmiyor ya da bilinse bile günlük yaşamın koşturmacası içinde tercih edilmiyor. Sonuçta anne-babaların iletişim şekilleri arasında oturup sohbet etmek ya da empati içeren bir iletişim kurmak sık rastlanan bir durum olmaktan çıkıyor.

70'li yıllarda evlerimize televizyon girdiğinde, "Televizyon aile içindeki iletişimi ortadan kaldırdı," iddiası yaygınlaştı. Bence kaldırmadı zira evlerimizde nasihat etme, soru sorma, emir verme dışında derinlemesine bir iletişim tarzı zaten yoktu. Bir önceki kuşaklarda babalar oturup çocuklarıyla sohbet etmezdi; genç yaştaki bir oğul babasıyla beraber kahveye gidemezdi; askerlik yapmış, uzak diyarlara, Yemen'e, Galiçya'ya gitmiş babasının bilgisinden, görgüsünden yararlanamazdı. Yakın zamanlara kadar pek çok baba ve dede çocuğunu, torununu şımarır korkusuyla uyurken öperdi. Uyuyan çocuğu öpmek de aslında tek taraflı bir iletişimdir; sadece öpenin işine yarar: Bu durumda çocuk mutlu olmaz ya da karşılığında babasını, dedesini öpemez. Oysa çocuklar sevgiden şımarmazlar. Sınır koymayı beceremediğimizde ya da tutarsız davrandığımızda şımarırlar.

Söylenme Kültürü

Söylenme kültüründe, günlük dildeki ifadesiyle ince bir karın ağrısı gibi sürekli memnuniyetsizlik belirtme, sızlanma, geçmişe esef etme, daha da ilerisi ev halkına bağırıp çağırma sözkonusudur.

İletişimde Dürüstlük

İletişimde dürüst olmak karşımızdaki yetişkin ya da çocuk olsun ayırt etmeksizin ona doğruyu söylemek, karşımızdakini ciddiye almak demektir. Pek çok yetişkin, "Çocuktur anlamaz," diye onlara –kendince– küçük beyaz yalanlar söyler. Bu tavır yanlıştır.

Dinleme + Empati + Ciddiye Alma + Dürüstlük = Samimi Bağlanma:

Anne-babalar çocuklarını yeterince dinlerlerse hatta daha da iyisi empati kurarak dinlerler, onları ciddiye alır ve onlara karşı dürüst davranırlarsa çocuklarıyla aralarında samimi bag oluşur. Anne-babasına samimi bağlanan bir çocuğun büyüdüğünde onları istismar etmesinin çok çok küçük bir ihtimal, hatta imkânsız olduğunu düşünüyorum.

Bir ailede dinleme kültürü yerine söyleme kültürü varsa, anne-baba çocuklarıyla empati kurmuyorsa, onları ciddiye almıyorsa, arada başkalarına ve kendi çocuklarına küçük yalanlar söylüyorsa o ailede çocuklar anne-babalarına samimi bağlanma değil, "mış-gibi" bir bağlanma sergilerler. Büyüdüklerinde ve güçleri yettiğinde onları istismar edebilir ve anne-babalarına karşı kaba davranabilirler.

Dinleme Kültürüne Güzel Bir Örnek:

Marko Paşa Efsanesi

1980'lere kadar çok telaffuz edilen, günümüzde ise unutulmakta olan Marko Paşa hikâyesinin dinlemeye ve kaliteli iletişime duyulan ihtiyacı, özlemi yansıttığı görüşündeyim. Marko Paşa'nın hikâyesi şöyleydi:

Osmanlı'nın son dönemlerinde Marko Paşa, o günkü Kızılay'ın başındaymış. Gün içinde tıbbiyeliler öncelikli olmak üzere isteyen hemen herkesi huzuruna kabul edermiş. Yanına gelenleri uzun uzun dinler ancak hiçbir isteklerini yerine getirmez, istedikleri hiçbir şeyi vermezmiş. Buna rağmen yanından ayrılanlar sözbirliği etmişçesine, paşayla konuşmanın kendilerini çok rahatlattığını söylerlermiş.

Peki paşadan istediklerini alamayan bunca dilek sahibini rahatlatan şey neydi? Bence Marko Paşa insanları saygıyla ve sabırla dinliyor, onların ciddiye alınıp dinlenilme ihtiyaçlarını gideriyordu. Ve o zamanlarda kavramın adı telaffuz edilmese de muhtemelen onlarla "empati" kuruyordu. Bence büyük bir ihtimalle, "Bir dinleyişte yürek ferahlatan adam" efsanesi bu şekilde ortaya çıkmıştır. Çocukluğumda büyükler, "Anlat derdini Marko Paşa'ya," derlerdi. Herhalde, insanların birbirlerini yeterince dinlemedikleri, özellikle makam sahibi kişilerin vatandaşı ciddiye alıp dinlemediği bir dönemde, bir makam sahibinin yanına gelenleri dinliyor olması insanları etkilemişti.

Marko Paşa'nın etkisi 1980'li yıllarda somut olarak sürüyordu. O yıllarda Ankara'da Kızılay Meydanı'ndaki eski Kızılay binasının bahçesine, o güne kadar Kızılay'ın genel müdürlüğünü yapmış kişilerin büstleri yerleştirilmişti; içlerinde Marko Paşa'nın büstü de vardı. Zaman zaman bir vatandaşın ip geçirdiği bir mektubu bu büstün boynuna astığını hatırlarım. Gazeteler de bu olaylardan bahsederdi. Bence vatandaşların bu davranışlarında hem kendilerini dinlemeyen yöneticilere sitem hem de dinlenilme özlemi vardı.

Fiskos Koltukları, Uzlaşma Masaları

Bazı evlerde, salonların bir köşesinde çaprazlamasına konulmuş iki koltuk (bazen berjer, bazen hasır koltuk) bulunur. Bunlar o evdeki karı-kocanın karşılıklı oturup kahve içmeleri, bunu yaparken de sohbet etmeleri içindir. Bence bu koltuklar, aile içi iletişimi zenginleştirmeye vesile olacak, yaşam kalitesini artıran güzel bir iç mimari öğedir.

Bazı okullarda fiskos koltuklarını hatırlatır şekilde, barış ya da uzlaşma masası adı verilen masalar var. Bir konuda anlaşamayan iki öğrenci kavga etmek yerine bu masalara oturup sorunlarını çözmeye çalışır, konuyu aralarında müzakere ederler. Yönder Okulları'nda bu barış masalarının çok işlevsel olduğunu görüyoruz. Kanımca bu masalarda söyleme ya da söylenme değil, dinleme ağırlıklı bir iletişim kurulmaktadır. Bu konuda hatırladığımda beni duygulandıran bir anım şöyledir:

> **"Evlerimizde de birer uzlaşma masası olsa"**
>
> Yönder Okulları'mızdan birinde bir öğrenci öğretmenine, "Yönderim*, evlerimizde de sınıflarımızdaki gibi birer uzlaşma masası olsa ne iyi olur; annelerimiz babalarımız da oturup uzlaşabilirler. Bunu onlara söy-

* Yönder Okulları'mızda öğrenciler öğretmenlerine, "yönder" diye hitap eder.

leyebilir misiniz?" demiş. Öğrencinin bu masumane ve akılcı dileği benim için sevindirici ancak bir o kadar da acı vericiydi. Bu öğrenci, herhalde dünyadaki bütün çocuklar gibi anne-babasının kavga etmek, söylenmek yerine birbirlerini dinlemelerini, birbirleriyle uzlaşmalarını istemekteydi.

Sevgili aile fertleri, lütfen evlerinizde birer fiskos köşesi veya uzlaşma masası oluşturunuz, orada barış sağlayınız. Sevgili karı-kocalar sızlanmak için komşuya ya da boşanmak için bir avukata gitmeden önce birbirinizle bu mekânlarda konuşunuz; anne-babalar çocuklarınızla, kardeşler birbirinizle uzlaşma köşelerinde uzlaşmaya çalışınız.

KENDİLERİNİ İSTİSMAR ETTİRMEYEN ANNE-BABALAR

Deli Dumrul'un Anne-Babası

Kendilerini istismar ettirmeyen anne-babalara galiba bir tek masallarda, o da çok sayıda masalda değil bir tek *Dede Korkut Masalları/Dede Korkut Destanı*'nda rastlıyoruz. Hangi masalda? *Deli Dumrul*'da.

On iki Dede Korkut masalından biridir "Deli Dumrul"; Altay Türklerine ait olup 16. yüzyılda Anadolu'da yazıya geçirilmiştir. Özetle:

Kuru çaya köprü kuran Deli Dumrul, köprüsünden geçenden beş akçe, geçmeyendense döve döve on akçe alır. Niyeti halka ondan deli, ondan bahadır kimse olmadığını göstermektir. Bir gün bir yiğidin cenazesine rastlayan Dumrul onu kimin öldürdüğünü sorar; "Aldacı (Azrail) aldı," derler. O da, "O deli kavat çıksın bakayım karşıma, hesap sorayım niçin böyle yapmış," diye öfkelenir. Hem yol kesip insanların parasını aldığı için hem de Aldacı'ya saygısızlık ettiği için Yüce Tanrı Aldacı'ya gidip Dumrul'un canını almasını söyler. Aldacı karşısına dikildiğinde Dumrul, "Görklü Tanrı'm ben sana saygılıyım, benim derdim şu Aldacı'yla" der. Onun bu saygılı tavrı Tanrı'nın hoşuna gider; Aldacı'ya, "Dumrul gidip canının yerine bir can bulursa, onun canını bağışlayacağım," der. Dumrul ölümden kurtulmak için hemen annesine gider. "Güzel anam böyleyken böyle, canımın yerine bir can bulursam Yüce Tanrı benim canımı bağışlayacak, bulamazsam Aldacı canımı alacak; benim için canını verir misin?" diye sorar. Annesi onu ne kadar çok sevdiğini söyler ama sonuçta, "Oğlum kusura bakma, hayat boyu sıkıntı çektim, şimdi rahata erdim. Şunun şurasında birkaç yıl ömrüm var, onu da veremem," der.

Dumrul ummadığı bu cevap karşısında çok şaşırır, hemen babasına gider; babası da annesine benzer bir cevap verir. Dumrul son çare olarak karısının yanına gider, başına gelenleri anlatır. Daha karısından can istemeden karısı hemen, "Aldacı senin canını alacağına benim canımı alsın" der. Onun bu fedakâr tavrı Tanrı'nın çok hoşuna gider. Dumrul'a ve karısına 140 yıl ömür verir, Aldacı'ya da Dumrul'un anne ve babasının canını almasını söyler.

Şimdi bu masal dinleyenlerini şaşırtan niteliktedir. Toplum, Dumrul'un anne-babasının fedakârlık etmesi gerektiğine inanır; özellikle annesinin, düşünmeden oğlunun yerine canını vermeye razı olmasını bekler. Ancak masal bu beklentiyi boşa çıkarmaktadır. Böyle bir davranış insanımıza, annelerimize uygun mu? Bence pratikte uygun değil ama masal annenin ve babanın kendilerini koruduklarını ve kendilerini oğullarına istismar ettirmediklerini anlatıyor bize.

Yetişkin yaştaki Dumrul'un başı sıkışınca anne-babasına gitmesi, onlardan çok büyük bir şey istemesi önemli bir istismardır. Kanımca, yetişkin yaştaki çocukların anne-babalarını istismar ettiklerinin farkında olan toplum (dedeler, nineler), on iki Dede Korkut masalından bir tanesini anne-babaların korunması üzerine inşa etmiştir. Geri kalan on bir masalda, özellikle anneler oğulları için her türlü fedakârlıkta bulunurlar. Ancak Deli Dumrul masalında aşırı fedakârlık etmeyen, kendi haklarını savunan anne-babalar anlatılmıştır.

Bence bu masaldaki örtülü ileti şudur: "Ey gençler, artık büyüyün, çocuk gibi annenizin eteği altına saklanmayın, her şeyi anne-babanızdan beklemeyin, yeni kurduğunuz aileye yönelin, karınıza sarılın."

Deli Dumrul'daki iletinin, yani anne-babanın kendisini paspas ettirmemesinin topluma nasıl ters geldiği konusunda bir anım var.

Annemin Deli Dumrul'a Bakışı

Annemin babamın on altı yıllık bir bekleyişlerinin ardından dünyaya gelmişim, bu yüzden bana ilgileri çok büyüktü. Annem İstanbul Üniversitesi Edebiyat Fakültesi'nden (Türkiyat Enstitüsü'nden) mezundu, büyük Köprülü'nün de öğrencisiydi. Küçükken annemin bana anlattığına göre Köprülü, *Dede Korkut Masalları*'na çok önem verir, "Terazinin bir kefesine bütün Türk Edebiyatı'nı, diğer kefesine ise *Dede Korkut Masalları*'nı koysanız, Dede Korkut ağır gelir," dermiş. Şüphesiz hocasının da etkisiyle annem de *Dede Korkut Masalları*'nı değerli bulurdu ancak on iki masal içinden bir tek "Deli Dumrul"u sevmezdi. Bu masal için annemin, "Saçma! Bunu gelinler uydurmuş," dediğini çok iyi hatırlıyorum. Oğulları Üstün çok değerliydi, eğer onun için can vermek gerekse annemle babam mutlaka birbirleriyle yarışırlardı. Onlar vermeyecekler de ileride ortaya çıkacak ne idüğü belirsiz bir gelin mi (annemin mantığıyla söylemeye çalışıyorum) canını verecek? Bu durum annem için kabul edilebilir bir fantezi değildi (Sadece onun için değil, toplumumuzdaki pek çok anne için, anne dururken eşin böylesine bir fedakârlıkta bulunması akıldışı bir fantezidir). Bütün ilmine, irfanına rağmen annemin bu çocuksu bakış tarzına küçükken gülerdim. Şimdi bu olayı da sevgiyle hatırlıyorum.

ÇÖZÜM

Anneler ve babalar yetişkin yaştaki –yirmisine, otuzuna gelen– çocukları tarafından istismara uğramamak için neler yapabilirler?

1. Küçük yaşlardan itibaren onlarla sağlıklı iletişim kurup birtakım sınırlar koyarak; onları bağımlı değil bağlı yetiştirerek gelecekte onlar tarafından istismara uğramaktan, hem üzülmekten hem de onları üzmekten kurtulabilirler. "Benimki 30'una geldi, o dönemler artık geride kaldı," derseniz, bu takdirde aşağıdaki maddelere geçebilirsiniz.

2. Çöp sepeti rolünü üstlenmeyin.

3. Paspas olmayın.

4. Akü/batarya/pil rolü üstlenmeyin.

5. Çocuklarınızın duygusal yüklerinin sorumluluğunu üzerinize çok fazla almayın. Onlarla empati kurabilirsiniz, ancak özdeşim kurmamaya çalışın. Yetişkin olmuş çocuklarınızın sorumluluğunu ise hiç üstlenmeyin. Gerektiğinde elbette onlara destek verebilirsiniz ya da karşılıklı olarak birbirinize bağlı olabilirsiniz, ancak bağımlı olmamalısınız.

6. Bu dünyada siz de varsınız!

Birinci maddeyi önceki bölümlerde ayrıntılı olarak ele

aldık. Şimdi, ilk kez bu bölümde sözünü ettiğimiz diğer maddeleri açıklamaya çalışalım.

Çöp Sepeti Olmak Ne Demek?

Bir insanın diğerini çöp sepeti yerine koyması demek birtakım sıkıntılarını ona anlatıp rahatlaması, karşısındakini ise doldurup üzmesi, sonra da bırakıp gitmesi demektir.

Prof. Dr. Engin Geçtan psikologlara, psikolojik danışmanlara ve psikiyatristlere, "Danışanlarınızın, hastalarınızın sizi çöp sepeti yerine koymalarına izin vermeyin," derdi. Hemen herkes komşusunu ya da arkadaşını, şüphesiz ki istemeden, çöp sepeti yerine koyabilir. Geçtan Hoca bu duruma psikoterapi alanında da sık rastlandığı görüşündeydi. Kimi hastaların, danışanların uzmana gidip sıkıntılarını anlatıp anlatıp rahatladıklarını ancak hekimin verdiği ilaçları almadıklarını veya psikoloğun belli bir tekniği, örneğin Bilişsel Davranışçı Terapi'yi uygulamasını istemediklerini, verilen ev ödevlerini yapmadıklarını söylerdi. Oysa dert dinleyip rahatlatmak akrabaların, arkadaşların işlevi olabilir, yani onlar bize çöp sepetliği yapabilirler (yapmasalar iyi olur ama yapabilirler) fakat terapistin, danışmanın görevi çöp sepetliği yapmak olmamalıdır.

Anne-babalar ileri yaşlardaki çocukları tarafından çöp sepeti yerine konmaya izin vermemeli ve aslında kasıtlı olmaksızın çöp sepeti yerine konduklarını fark etmeliler. Fark etmek, davranış değişikliği için ilk adımdır.

Bazı genç hanımlar veya erkekler sevgilileriyle, eşleriyle yaşadıkları sorunları anlatırlar. Bir sorunu paylaşmak genellikle paylaşanı rahatlatır, ancak sorunu dinleyen kişi anlatanın bir yakınıysa rahatlamaz; tam tersine dolar, gerilir, üzülür. Kızlarının aşk konusundaki hayal kırıklıklarını, oğullarının evlilik sorunlarını dinleyen anneler kendilerini çaresiz hisseder, üzülürler. Bununla da kalmaz çocuklarının üzüntüsü altında ezilirler. Anneler çocuklarını dinlesinler, yaşam tecrübeleriyle onlara rehberlik, yönderlik etsinler... Ancak içine buruşuk kâğıtların tıkıştırıldığı birer çöp sepeti yerine konmakta olduklarının da farkına varsınlar. Çocuklarına, "Sus anlatma," demesinler elbette ama kendilerine, "O artık büyüdü; ben onun sıkıntılarını aynen benimsemek, hissetmek, taşımak zorunda değilim," diyebilsinler.

Paspas Olmak Ne Demek?

Konuşma dilimizde "paspas olmak", "kendini erzan etmek" gibi ifadeler var. Bu ifadeler kişinin, bilerek veya bilmeyerek kendini ezdirmesi, değerini olduğundan düşük göstermesi, istismar ettirmesi anlamına geliyor.

Evlerde gerek anneler gerekse babalar –ne yazık ki daha çok da anneler– paspas rolünü üstleniyorlar. Bu rolü üstlenmeye başlangıçta gönüllü olan anne-babalar, giderek mecburcu olmaya başlıyor, boyun eğer hâle geliyorlar.

Anne-babasıyla aynı evde kalan yetişkin yaşta bir genç var diyelim. Bu genç bir gün annesine çemkirip kadının kalbini kırıyor. Anne haklı olarak bozuluyor, rencide oluyor ancak bir bakıyorsunuz ki az sonra bu anne, üzerinde limonata, kurabiye bulunan bir tepsiyle çocuğunun odasına giriyor ya da birkaç saat sonra "Yıkanacaklarını ver" diyor. Kanımca bu anne, hiç farkında olmadan çocuğuna şu mesajı veriyor:

"Ben senin annenim yavrum; sen bana çemkirsen, bağırsan çağırsan, kapıları yüzüme çarpsan da sana hizmette, serviste kusur etmem. Çünkü ben senin annenim."

Açıkça telaffuz edilmese de bu tavır, annenin kendini paspas ettiği anlamına geliyor bence. Annelerin/kadınların eşleri tarafından paspas edilmeleri konusunda bir başka, acı verici örnek daha var. Bu da babaların küçük yaştaki oğullarına verdikleri, "Hadi annene vur da gel," şeklindeki iletidir.

"Hadi Annene Vur da Gel"

Güzel ülkemin bazı babayiğit erkekleri evde ya da bir piknik alanında, ahlaka ve eğitime aykırı iğrenç bir senaryoyu ayaküstü oyunlaştırıveriyorlar. Bu oyunun hiçbir estetik değeri yoktur. Üstelik kadına, erkek çocuğa ve dolayısıyla topluma büyük zararı vardır. Oyun şöyle oynanır: Bir baba üç yaşlarındaki oğluna, "Hadi aslanım, git anneye tükür de gel, bi saçını çek de gel, bi vur da gel," der. Oğlan da gider babasının dediğini yapar. Anneler çoğunlukla bu durumu çaresizlikle kabullenir, ufacık çocuğa karşılık vermez, veremezler. Baba güya şaka yapmaktadır ama bu şaka, tam anlamıyla bir eşek şakasıdır.

Burada öncelikle kadının, ikinci olarak da çocuğun istismarı sözkonusudur. Erkek hem karısını aşağılamaktadır hem de oğlunun saflığından yararlanarak onu yapmaması gereken bir davranışa yönlendirmektedir. Bu örnek basit bir şakaymış gibi gözükse de aslında erkek egemen toplumda, erkeğin kadın üzerindeki hegemonyasını özetlemektedir. Babalar böylesine kaba bir şakada kızlarını değil oğullarını aracı olarak kullanırlar. Babaların bu tavırları gelecekte annesine, bütün kadınlara, kendi karısına saldırganlık sergileyecek, onları istismar edecek yetişkin erkek tipinin hazırlayıcısıdır. Maalesef annelerine el kaldıran yetişkin yaşta erkekler vardır. Bu türden bir muameleye maruz kalan anneler, küçük yaştaki oğullarından yumruk yemişçesine çaresizlik içinde oturup kalır, polise veya savcılığa şikâyette bulunamazlar.

Akü/Batarya/Pil Olmak Ne Demek?

Bazı erkekler eşlerine ufak tefek konularda söylenirler, kızarlar, sızlanırlar, negatif enerjileriyle onları bir aküyü, bir bataryayı, bir pili doldurur gibi doldurur, şarj ederler. Kadının deşarj olması bazen aylarca, bazen ömür boyu sürer. Bu durum zaman zaman da kadınlarda sedef, zona gibi psiko-somatik sıkıntıların ortaya çıkmasına neden olur. Bu gibi durumlarda, derinin sahibi sıkıntısını yeterince ifade edemeyince, âdeta derisi öne çıkıp sahibinin sıkıntısını bizzat ifade etmeye çalışmaktadır.

Eşini negatif enerjiyle yükleme davranışını erkekler de sergiler, kadınlar da. Benzer şekilde gençler anne-babalarını, daha çok da annelerini, âdeta akü, batarya, pil doldurur gibi dolduruyorlar. Ancak bir farkla... Aküye, pile işe yarayan bir enerji depolanır; anne-babalara ise onları yoran, üzen negatif enerjiler depolanır.

Anne-babalar akü yerine koyulduklarını fark ederek kendilerini korumaya başlamalıdırlar. İnsanın şu ya da bu nedenle, şu ya da bu kişi tarafından negatif enerjiyle yüklendiğini fark etmesi kurtuluşun ilk adımı olsa gerek. Bence anne-baba çocuğuna asla, "Beni akümülatör gibi şarj etme, negatif enerjiyle yükleme," dememelidir. Ancak kendi içinde, "Kendimi akümülatör yerine koyduruyorum; kendimi gereksiz yere olumsuz enerjiyle doldurmayabilirim, buna gücüm var," demelidir. Kanımca bu tavır, bir umursamazlık değil, olsa olsa bir nefsi müdafaadır. Bir kişi kendini aküleştirmeden, negatif enerjiyle şarj etmeden de çocuğuna veya bir başkasına yardımcı olabilir. Bu yardım tarzı daha objektif, daha etkili olacaktır (İzleyen bölümde, sokak köpekleriyle ilgili başlık altında bu konuyu örnekleyeceğim).

Yetişkin Yaştaki Çocuklar Sözkonusu Olduğunda Empati, Özdeşim, Duygusal Yükün Sorumluluğu, Bağımlılık ve Bağlılık Nedir?

Başlıktaki kavramlar, olumlu ya da olumsuz yönde birbirleriyle yakından ilişkilidir. Empati ve bağlılık birlikte bulunabilir; özdeşim, ötekinin sorumluluğunu almak ve bağımlılık ise bir paket gibi bir arada bulunurlar. Yaşamın her alanında empatinin ve bağlılığın bir arada bulunması istenen bir şeydir ve işlevseldir. Özdeşim ve bağımlılık belli yaşlarda işlevsel olabilir; bir bebek anneye doğal olarak bağımlı olacaktır, bir ergen birileriyle özdeşim kuracaktır. Ancak özellikle anne-babaların, yaşları kaç olursa olsun çocuklarıyla özdeşim kurmaları, onlara bağımlı olmaları ve onların sorumluluğunu almaları yüzünden çoğu zaman iletişimde sıkıntılar ortaya çıkar.

Empati, karşıdaki kişinin duygularını, düşüncelerini anlamak ve anladığını ona ifade etmektir.* Günlük yaşamda empati ile en fazla karıştırılan kavramlardan biri özdeşimdir. Empatide karşıdakinin bakış tarzını kavramak esastır; empatide objektiflik vardır. Özdeşimde ise objektifliği kenara bırakıp karşıdakiyle bütünleşmek, âdeta onunla bir ve aynı olma sözkonusudur. Bir örnek vermek istersek, psikoterapi ortamında terapist danışanıyla empati kurmalı, onu anlamaya çalışmalı, objektifliğini kaybetmemelidir. Fakat terapist de ağlayan danışanıyla birlikte ağlarsa bu durumda ortada empati kalmamış, terapist danışanıyla özdeşim kurmuş olur. Danışanıyla özdeşim kuran, ona sempati duyan terapist mesleğini hakkıyla icra edemez çünkü roller karışır. Benzer bir tehlikeden sakınmak için bir annenin ya da babanın okulda çocuğunun öğretmeni olmaması gerektiğini savunuruz. Eğer bir anne-baba çocuğunun öğretmeniyse hem çocuk için hem de öğretmen için roller karışır.

Diyelim ki yetişkin yaştaki bir kişi eşinden ayrıldı. Bu kişinin anne-babası onunla empati kurarken, sorun karşısında tarafsız kalmalı ve onunla özdeşim kurmamalıdır. Gerçi bunu becermek çok zordur; ancak anne-babalar çocuklarıyla empati kurup onların sıkıntılarını anlamak yerine, çoğun-

---

* Dökmen, Ü. (2018), *Sanatta ve Günlük Yaşamda İletişim Çatışmaları ve Empati*. İstanbul, Remzi Kitabevi, 61. Basım.

lukla yapıldığı üzere çocuklarıyla özdeşim kurup, "kanka" olup eski gelinlerini veya damatlarını kötülemeye başlarlar. Bu durumda çocuklarına gerçekçi bir şekilde destek olamazlar, olsa olsa öfkeyi körüklemiş olurlar.

Anne-babalarda gerek küçük yaştaki gerekse ileri yaşlardaki çocuklarının sorumluluğunu gereğinden fazla üstlenme eğilimi vardır. Diyelim ki küçük bir çocuğa şeker verdiniz, o da size bir şey söylemeden yemeye başladı; annesi hemen telaşlanıp, "Canım benim teyzeye/amcaya ne diyecektik? Hadi söyle yavrum," diye uyarır çocuğunu. Çocukta ses yoktur. Anne çocuğunun yerine, "Teşekkür ederiz teyzemiz," der, eğer bunu demezse sizin çocuğunu, dolayısıyla onu ayıplayacağınızı zanneder. Burada çocuğun sorumluluğunu aşırı yüklenme sözkonusudur.

Sıklıkla şunu görmüşümdür: Bir küçük çocuğa, "Merhaba canım, nasılsın?" dediğimde, çocuk yere bakar, sesini çıkarmaz. Bunun üzerine annesi veya babası hemen ileri atılıp, "Amcası hiç böyle yapmazdı, bugün biraz yorgun da o yüzden şey etti," der. Burada anne veya baba, satır arasında, "Benim çocuğum aslında çok sosyaldir, böyle davrandığına bakmayın, ortada arızi bir durum var, yorgun," demeye getirmektedir. Onların bu telaşı, çocuklarının sorumluluğunu fazlaca almalarından, bir anlamda gayretkeşlikten kaynaklanmaktadır. Aslında ortada bir tuhaflık yoktur; küçük çocuklar kendilerine "Nasılsın?" diyen yetişkinlere tumturaklı, ağır oturaklı cevaplar verselerdi asıl o zaman tuhaf olurdu. Ne yani, bir çocuk, "Amcacığım ben iyiyim, siz nasılsınız, işler nasıl, hanımefendi nasıllar?" desin mi istiyoruz? Böylesine çokbilmiş çocuklara ise "Ayol, bu büyümüş de küçülmüş" derler.

Yukarıdaki örneklerde anne-babalar küçük yaşlardaki çocuklarının sorumluluğunu gereksiz yere yüklenmektedirler. Böyle bir durumdan nasıl kaçınmaya çalıştığım konusunda kendi yaşantımdan bir örnek sunmak istiyorum.

Kızımın şapkası ve Danıştay Başkanı

Bildiğim kadarıyla dünyadaki ilk kadın yüksek mahkeme başkanı Sayın Firdevs Menteşe idi. Ondan sonra iki kadın yargıcımız daha, dünyada ikinci ve üçüncü defa olmak üzere yüksek mahkeme başkanı oldular. Firdevs Hanım'la Danıştay'da verdiğim konferansta tanışmıştım. Bir gün daveti üzerine kendisini Danıştay'a ziyarete gittim; iznini alarak yanımda küçük kızımı da götürdüm. Kızım o sırada henüz ilkokula başlamamıştı. Onu yanımda götürmemin nedeni, Firdevs Hanım'ı görmesinin, bir daha hayat boyu elde edemeyeceği kültürel bir kazanım olacağını düşünmemdi. Dünyanın ilk kadın yüksek mahkeme başkanını yakından görmek herkese, özellikle bir çocuğa kolay kolay nasip olmaz diye düşünmüştüm.

Randevu saatinde başkanın özel kalemine ulaştık, paltolarımızı çıkarıp astık. Tam içeriye gireceğimiz sırada birden kızımın şapkasını çıkarmamış olduğunu fark ettim. O yıllarda çocuklarda bahçıvan pantolon giyme, başlarına da ters biçimde boyacı şapkası geçirme modası vardı. Bir an içimden, "Canım şapkanı çıkar," demek geçti ancak hemen ardından eğer bunu söylersem, gayretkeşlik edip onun sorumluluğunu üstleneceğimi düşündüm. Elbette ki onun sağlıklı bir şekilde yetiştirilme sorumluluğu bana ve eşime aitti; ona rehberlik etmeliydik, ediyorduk da. Fakat onun tüm sorumluluğunu üstlenmek klasik bir anne-baba hatası olurdu. Firdevs Hanım küçük misafirinin şapka giymesinden rahatsız olursa, bunu ona söylerdi; o da toplumsal kurallar hakkında bir geribildirim almış olurdu.

Şimdi büyük bir ihtimalle aklınıza şu soru geliyordur: "Hocam, ya Firdevs Hanım bozulur da ayıp olmasın diye sesini çıkarmazsa?" Efendim bu da Firdevs Hanım'ın sorunu olurdu; madem ki dünya çapında büyük bir insan, rahatsızlığını söylerdi. Siz yukarıdaki soruyu sorarsanız hem çocuğunuzun hem de koskoca bir insanın sorumluluğunu üstlenmiş olursunuz. Hadi diyelim, çocuğunuzun sorumluluğunu almak zorunda hissediyorsunuz kendinizi, bari bir Danıştay Başkanı'nın sorumluluğunu almayın.

Anne-babalar sıklıkla yetişkin yaşlardaki çocuklarının sorumluluğunu fazlaca alır, bir anlamda kraldan çok kralcı olurlar. Bir kişiyle özdeşim kurmak ile onun sorumluluğunu gereğinden fazla almak arasında ilişki vardır. Çocuklarıyla özdeşim kuran anne-babalar, aynı zamanda onların sorumluluğunu da çokça alır ve bu sorumluluk altında ezilirler. İş bulamayan çocuklarının durumuna çok üzülen, onların işyeri sorunlarını kendi sorunlarıymış gibi yaşayan anne-babalar aşırı sorumluluk yüklenmiş olurlar. Çocuklarının aşk, evlilik sorunlarını fazlaca üstlenen anne-babalar da yine fazla sorumluluk almış olurlar, ağır yük altında ezildikçe onlara kızmaya başlarlar. Asıl ilginci bu tavırları pek de makbule geçmez, bir süre sonra çocukları onlara kızmaya başlar. Kısacası, çok değişkenli karmaşık bir durum ortaya çıkar.

Anne-babanın çocuğunun sorumluluğunu fazlaca alması, onun yerine üzülmesi sağlıklı bir durum değildir. Anne-babalar yetişkin yaştaki çocuklarının sorumluluğunu almak yerine acaba şöyle düşünebilirler mi?

"Onun yaşantısının sorumluluğunu almamın ona hiçbir faydası olmuyor. Üstelik beni de onunla olan ilişkimizi de yıpratıyor. Böyle yapmak yerine, onun hayat sorumluluğunu aşırı almasam, onun yaşantısına musallat olmasam, bu hayatın ona ait olduğunu zor da olsa kabullenebilsem, sadece bana danıştığında dilimden geldiğince ona rehberlik etsem, onu anlamaya çalışsam daha iyi olur."

Biz anne-babalar çocuklarımızla özdeşim kurduğumuzda, dolayısıyla onların duygusal sorumluluklarını alırız; sonuçta da aramızda bağımlı bir ilişki oraya çıkar. Yani,

Özdeşim + ötekinin sorumluluğunu almak = bağımlı ilişkidir.

Bağımlılık sıkıntı yaratır, bağlılık ise yaşam desteği ve neşe anlamına gelir. Bağımlılık, "O olmadan yaşayamam," anlamına gelir ve bağımlı ilişkiler zaman içinde çatışmaya dönüşür, sonuçta da "Ne seninle, ne sensiz" türünden yıpratıcı bir ilişki çıkar ortaya.

Çocuğumuzla empati kurmak ve duygusal yükünün sorumluluğunu almadan ona destek olmak bağlılık yaratır; yani,

Empati + gereksiz sorumluluk almamak = bağlı ilişkidir.

Sonuçta biz anne-babalar yetişkin yaştaki çocuklarımızla aramıza küçük de olsa bir sınır, bir çit koymalıyız ve "Onunla bağlılığımız hayat boyu devam edecektir ancak o artık büyüdü, onun dertlerini aynen hissetmek, onunla özdeş olmak ve onun sorumluluğunu olduğu gibi omuzlamak zorunda değilim," diyebilmeliyiz. Bunu demenin zor olduğunun farkındayım fakat bundan daha zor olanı, onun sorumluluğunu alıp ezilmek ve belki de onların sıkıntılarını onlardan daha yoğun algılamaktır. Seçim sizin.

"Bu Dünyada Siz de Varsınız!" Ne Demek?

Bu başlık size tuhaf gelebilir; "Bu başlığı okuyabilen, işitebilen bir kişi yaşıyor demektir, var demektir," diye düşünebilirsiniz. Bence ne yazık ki bu düşünce doğru değil; bu dünyada resmen yaşayan pek çok kişi, özellikle anneler ve babalar yeterince var olamıyorlar.

Küçük bir alıştırma yapalım:

Lütfen şu an sahip olduğunuz rolleri bir yere yazar mısınız? (Rol denen şeyin ne olduğu konusunda birkaç örnek vermek istersek şunları sıralayabiliriz: Anne-babanız varsa evlat rolünüz de var demektir. Çocuğunuz varsa, bir anne veya baba rolüne sahipsiniz demektir.)

EMPATİYE İLİŞKİN YENİ VE RAHATSIZ EDİCİ BİR GÖRÜŞ

Anne-baba istismarıyla ilgili kitap, yukarıdaki "Çözüm" başlıklı bölümle sona erdi. Görüldüğü üzere yetişkin yaştaki gençlerin anne-babalarını istismar etmemeleri için gerekli şeylerden biri de onlarla empati kurabilmeleriydi. Şimdi empati kavramıyla ilgili olarak son zamanlarda zihnimi kurcalayan bir konuyu paylaşmak istiyorum. Empati kavramının sınırlarına ulaştık mı? Bu alanda söylenebilecek en son söz söylendi mi? İleride başlı başına bir kitap ya da bir makale konusu yapabileceğim bu soruna, burada kısaca değinmek istiyorum.

Bugüne kadar empatiyi çok değerli, âdeta sihirli bir anahtar olarak; empatiyi kullanan ruh sağlığı uzmanlarını ise bir tür çilingir olarak gördük. İyi de bu anahtarın yani empatinin sınırları neler?

1994'te ülkemizde adında empati kelimesi geçen ilk psikoloji kitabını yazdım. Kişisel gelişim kitaplarının zirve yaptığı yıllarda yazılan bu kitap, yüzeysel bir bakışla bir kişisel gelişim kitabı zannedilebilirse de aslında bir psikoloji kitabıydı. Kitapta empati, tarihsel gelişiminin yanı sıra tüm kuramsal arka planıyla ele alınmıştı. Ayrıca kitap o yıllarda geliştirdiğim bir empatik beceri ölçeğini ve minyatür sanatına yeni bir bakış tarzını da içeriyordu. O günden bu yana geçen yirmi beş yıl içinde *İnsanın Korunakları* adlı iki psikoloji kitabı, ayrıca, *Küçük Şeyler* adını taşıyan, kişisel gelişim ağırlıklı dört kitap yazdım. Bu arada empati kavramını tüm kitaplarımda sık sık kullandım fakat bu kavramı irdeleyen, geliştiren çalışmalar ortaya koymadım. Şimdi, empatinin kuramsal yapısını bir miktar ihmal ettiğim düşüncesiyle, özellikle fizikten esinlenerek empati kavramını yeni sayılabilecek bir bakış tarzıyla irdelemek istiyorum.

İnsanların olaylara ya da yaşama karşı farklı bakış tarzları, kurdukları farklı mantıklar var. Empati kurulacak kişilerin her birinin farklı bakış tarzı var ancak empati kuracak kişi bu kadar çok bakış tarzına sahip mi? Muhtemelen empati kuranın kendine özgü bir tek mantığı, bir tek bakış tarzı var. Bu durumda empati kuran kişi farklı bakış tarzlarını, farklı mantıkları, farklı dünyaları gerçekten kavrayabilecek mi? Diyelim ki sadece anadilinizi biliyorsunuz ve elinizde bu dilin sözlüğü var. Bu durumda farklı sözlükleri olan kişileri tam olarak anlayabilir misiniz?

Konuyu irdelemede üç hareket noktam var: Birincisi Öklid (Eukleides) Geometrisi, ikincisi Kuantum Fiziği, üçüncüsü ise karadelikler.

Öklid Geometrisi Açısından Empati

Einstein'a kadar Öklid Geometrisi'nin mutlak/evrensel olduğu sanılıyordu. Ancak sonra bu geometrideki hemen her şeyin sadece iki boyutlu küçük alanlarda geçerli olduğu, uzayda ise geçerli olmadığı anlaşıldı. Örneğin Öklid Geometrisi, iki nokta arasındaki en kısa mesafenin bir doğru, bir üçgenin iç açıları toplamının ise 180 derece olduğunu söylüyordu. Yüz sene öncesine kadar bu bilginin uzayın her yerinde geçerli olduğu düşünülüyordu. Bu düşünce de mantıklı gözüküyordu.

Sonra şu anlaşıldı ki uzayda iki nokta arasındaki en kısa mesafe bir doğru değil, çok sayıda seçeneği olan eğrilerden biriydi. Çünkü, meğer uzay kapalı bir eğriymiş, çekim alanları olduğu için ışık da doğrular boyunca değil, bir yay çizerek ilerlermiş; yolu üstündeki çekim alanları, örneğin yıldızlar ışığı saptırır, dümdüz ilerlemesini engellermiş (Bu gerçek Einstein hayattayken ispatlanmıştır). Gerek uzun gerekse kısa mesafelerdeki uzay-zamanın, âdeta tümsekleri ve çukurları vardır; mesafe küçüldükçe bunların sayısı artar. Yani uzayda iki nokta arasındaki en kısa mesafe bir doğru değildir.

Benzer şekilde iki boyutlu bir masa üzerinde ölçtüğünüz zaman bir üçgenin iç açıları toplamı 180 derece çıkar fakat üçüncü boyut işin içine girince 180'den fazla olur. Dünya üzerindeki meridyenler ekvatora 90 derecelik dik açılarla iner. Dünyadaki iki meridyenden ve bir ekvatordan oluşan üçgeni ele alalım: Kutup noktasında birleşen iki meridyen arasında küçük de olsa bir açı bulunur; bu açı artı 90 derece artı diğer 90 derece ise 180 dereceden fazla eder.

Sonuçta Öklid Geometrisi'nin mantığı evrensel değildir; iki boyutlu küçük alanlarda geçerli olan bu mantıkla uzaya baktığınızda farklı bir mantıkla karşılaşırsınız. Acaba, benzer sorun empati kurduğumuzda da ortaya çıkıyor mu? Aile içinde veya arkadaşlarınızla empati kuruyor olabilirsiniz; büyük bir ihtimalle bu durum onlarla benzer mantıkları kullandığınız için ortaya çıkıyordur. Ancak size uzak, âdeta başka dünyalara mensup insanlarla da alışageldiğiniz mantığı kullanarak empati kurabilecek misiniz? Bir psikotikle, kendi sağlam ve sade mantığınızı kullanarak empati kurabilecek misiniz? Yaş gözetmeksizin insanlara tecavüz edip onları öldüren katillerle empati kurabilecek misiniz? Seri katillerle empati kurabilecek misiniz? Milyonlarca insanı gazla öldürdükten sonra kaliteli bir akşam yemeğinde espriler yapan, gördüğü bütün köpeklerin ve çocukların başını okşayan, aynı zamanda klasik müzik tutkunu olan bir Nazi liderle empati kurabilecek misiniz? *Otomatik Portakal* romanındaki sadist ama müziksever, duygulu gençle empati kurabilecek misiniz? Onların bize farklı görünen mantıklarını kavramamız zordur, bazen imkânsıza yakındır. Ancak onlarla empati kurmadan mücadele etmek de mümkün değildir.

Lütfen, "Ben böyle kötü kişilerle empati kurmak istemem," demeyiniz. Önceki bölümlerde ifade edildiği üzere empati, karşıdakini onaylamak, onunla yandaş olmak demek değildir; sadece karşıdakinin duygularını ve düşüncelerini doğru anlamak demektir. Polis henüz yakalayamadığı seri katille empati kurarsa, onun gelecek eylemini tahmin edip, onu yakalayabilir; katille empati kurması onu onayladığı anlamına gelmez. Savaşta düşmanla empati kuran komutan kazanır. Gelibolu Savaşı'nda Mareşal Liman Von Sanders, İngilizlerle empati kurdu, Kızılderili ifadesiyle İngilizlerin makosenlerini giymeye çalışıp, "Güneyden, Kilitbahir'den karaya çıkacaklar," dedi. Yarbay Mustafa Kemal de düşmanla empati kurdu, "Benim şu kadar askerim, şu kadar mühimmatım olsaydı, Gelibolu'ya kuzeyden girerdim," dedi. Sonuçta yarbay haklı çıktı. Rakibiyle empati kurabilen komutanın veya sporcunun kazanma ihtimali yüksektir.

Fakat polisiye olaylarda, sporda veya savaşta karşımızdaki kişiler, büyük ihtimalle bizim dünyamızdan kişilerdir, bu yüzden onlarla empati kurabiliriz. Ancak aynı mantığı kullanmadığımız bir Engizisyon yargıcıyla veya günümüzdeki sıradan bir işkenceciyle empati kurabilecek miyiz? Onların, henüz tanımadığımız bir üçüncü boyutları var; kafalarımızdaki üçgenler, onların dünyalarına girmeye çalıştığımızda masadan uzaya çıkmışçasına şekil değiştirebilir, bize yabancılaşabilir.

Kuantum Fiziği Açısından Empati

Özetle belirtmek gerekirse Newton fiziğine göre zaman ve mekân mutlaktı; saatiniz, hangi hızla gittiğinize bağlı olmadan çalışırdı. Einstein ise bize; fizikte, evrende her şeyin göreceli (rölatif) olduğunu, geçen zamanınızın ve boyutlarınızın hızınızla ilişkili olduğunu, hızınıza göre değişeceğini gösterdi. Eğer şu an uzaydaki hızınız artacak olsa, elinizdeki kitabın boyutları küçülecektir ancak siz de küçüleceğiniz için, muhtemelen bu değişikliği fark etmeyeceksiniz. Eğer –olmaz ya farz edin ki oldu– galaksimiz yavaşlayacak olsa kitabınızın üç boyutu da büyür fakat siz de büyüyeceğiniz için bunu fark etmezsiniz. Hızlı gittiğinizde ama gerçekten hatırı sayılır bir hızla gittiğinizde saatiniz yavaşlar, siz de daha az yaşlanırsınız. Yavaş gittiğinizde ise bu durumun tersi olur. Sonuçta, mekân (üç boyut), hız ve zaman ayrılmaz bir bütündür; dördüncü boyut hızdır. Yaptırmak istediğiniz masanın enini, boyunu, derinliğinizi söylediğinizde, bu bilgi marangozunuz için yeterli olabilir; ancak bu bilgi evren içinde yeterli değildir. Masayı tam olarak betimleyebilmek için onun uzayda hangi hızla yol aldığını da belirtmeniz gerekir çünkü masanın boyutları hızına bağlıdır. Bu yeni bir mantıktı.

Bu eşsiz bilgilerin dışında kuantum fiziği bize bir de şunu söyledi: Günlük yaşamda kullandığımız mantık atom içinde geçerli değildir. Atomun içinde bize mantıksız gibi görünen bir düzen vardır. Örneğin bir arabanın hem hızını hem de yeryüzünde bulunduğu konumu belirleyebiliriz ancak bir elektronun hem hızını hem de konumunu aynı anda belirleyemeyiz. Yine bir elektron aynı anda iki farklı enerji düzeyinde bulunabilir. Bu atom için normal bir durumdur fakat bizim mantığımıza sığmaz. Bir insan hem 30 hem 60 yaşında, hem sakin hem hareketli olamaz.

Bir teşbih yaparak şunu söyleyebiliriz: Bizler birer insan

olarak nasıl ki kullanageldiğimiz mantıkla atomun içini –en azından duyusal açıdan– tam olarak kavrayamıyorsak, düşünce yapısı bizden farklı olan kişilerin, toplumların da iç dünyalarını aslına uygun şekilde kavrayamayız, ancak hatalı olma ihtimali yüksek birtakım tahminler yürütürüz. Bu noktada, bir düşünce deneyi olan Schrödinger'in kedisinden söz edebiliriz.

Bu ünlü, kuramsal deneyde özetle şunu söyler: Bir kutuya radyoaktif madde olan azot-13'le birlikte bir kedi koyarsanız, azot-13 ya parçalanacaktır ya da parçalanmayacaktır. Eğer parçalanırsa, kutudaki zehirli gaz şişesinin kırılması sonucunda kedi ölecektir, parçalanmazsa ölmeyecektir. Kedi, atom içi kuantum mantığına göre ya ölü ya diri veya hem ölü hem diridir. Kutuyu açıp kediyi görmeden sonucun ne olduğunu bilemeyiz.

Bütün bunların yanı sıra kuantum fiziğinde bir de "gözlemci etkisi" vardır. Atom dışında gözlem yaptığınız ve doğayı, hayvanları, insanları gözlediğiniz zaman gözlenen şey, gözleyenden nadiren etkilenir. Örneğin gözlendiğini bilen bir denek kendini olduğundan farklı göstermeye çalışabilir. Genelde bu durum ortaya çıkmaz. Bulutlar gözleyene göre şekil değiştirmezler; vahşi yaşam içindeki hayvanlar, kendisini iyi gizleyen bir araştırmacının kafasındaki hipoteze göre davranış değiştirmezler. Ancak atom-altı dünya sözkonusu olduğunda iş değişir.

Foton, elektron gibi kuantum öğelerini tek bir delikten geçirirseniz bunlar bir parçacık davranışı sergilerler. O zaman onları parçacık olarak algılar, kum saatinde biriken kumlara benzer bir yığın görürsünüz. Eğer fotonu, elektronu birbirine yakın iki delikten geçirirseniz, iki ayrı kum tepesi oluşmaz; bu durumda onları parçacık olarak değil, dalga olarak algılarsınız.

Bir zamanlar bu tür kuantum öğelerinin parçacık olduğunu savunan bilim insanları, yaptıkları deneylerde hipotezlerinin doğru olduğunu gözlüyorlardı. Ancak dalga olduğunu savunanlar da hipotezlerinin doğruluğunu gözlüyorlardı. Sonra da kongrelere katılıp sürekli tartışıyorlardı. Günün birinde kuantum fiziği bize fotonun, elektronun hem dalga hem parçacık olduğunu –dalga hareketi gerçekleştiren parçacıklar olduğunu– söyledi. Yani alışılmış mantığın "1-0" hâli değil, kuantum mantığının "1 ve 1" hâli çıkıyordu ortaya. Kısacası, "Sen haklısın, sen de haklısın," durumu sözkonusuydu.

Nasrettin Hoca'nın Mantığı

Hikâye bu ya, tartışan iki kişiden birincisini dinleyen hoca ona, "Sen haklısın," der. İkinciyi dinleyince ona da, "Sen haklısın," der. Bu durumda bir çelişki olduğunu belirten üçüncü kişiye ise, "Sen de haklısın," der. Bizim fizikçiler Hoca'ya gitselerdi tartışmalarına gerek kalmazdı. Hoca, elektronun dalga olduğunu söyleyene de parçacık olduğunu söyleyene de "Haklısın" derdi. Bu durumun pek mantıklı olmadığını ileri süren üçüncü kişiye de, "Valla sen de haklısın," derdi.

Bizler, bize mantıklı gelen (belki de kendi mantığımıza göre tasarladığımız) bir dünyada empati kurmaya çalışıyoruz. Ancak bu dünyada bizimle iç içe yaşayan ama bizim mantığımızdan farklı mantıklara, farklı düşünme ve hissetme becerilerine sahip insanlar, kültürler var. *Yıldızlarla Buluşma* adlı televizyon programında Neil deGrasse Tyson'ın aktardığı gibi, Evren'in bize mantıklı gözükmek gibi bir mecburiyeti yoktur. Bence de mantıklı oluş, bizim arayışımız ve alışkanlığımızdır. Bilişsel tutarlılık kuramı (Festinger'in tutarlılık kuramı), bir ihtimal küçük yaşam alanlarında, alışageldiğimiz anlamda "1" veya "0"ın kullanıldığı günlük yaşamda geçerlidir.

Bu noktada "psikotik" diye tanımladığımız kişilerin de

bizim gibi düşünmek zorunda olup olmadıkları tartışmaya açık bir konudur. Hatta terapistlerin de düz alanlı dünya mantıklarıyla, bir psikotiği tam olarak anlama becerisine sahip olmalarını beklemek fazla iyimserlik olabilir (Bu noktada gerek kuantum fiziğini ve Schrödinger'in kedi metaforunu anlaşılır hâle getiren gerekse psikopatolojiye kuantum fiziği açısından bakan kaynaklara başvurulabilir. Bunlardan biri Tarlacı'ya ait kitaptır*).

Böyle olunca da bir psikotiğin niçin mantıklı düşünmediğini anlamaya çalışmak ve onunla, kendi düz mantığımızı kullanarak empati kurmaya gayret etmek, atom-altı parçacıkların niçin mantıklı davranmadıklarını sorgulamak kadar anlamsız olabilir.

Bana bir psikotiğin dünyaya bakış tarzı büyük ölçüde anlaşılmaz geliyor, onlarla tam olarak empati kurabildiğimi sanmıyorum. Fakat bir nevrotikle, özellikle obsesif-kompülsif düşünceleri olan kişilerle empati kurabildiğime inanıyorum. Bunun temel sebebi, şimdilerde azalmış olmakla birlikte gençliğimde yaşadığım obsesif-kompülsif düşünme ve davranma şeklinin, mantığıma yabancı olmamasıdır. Bu durumda, bende bulunan özelliklere sahip kişilerle empati kurabilirim.

Gerçek ne; psikotiğin bakış tarzı mı, normal sayılan kişinin bakış tarzı mı? Einstein bize fiziksel gerçeğin göreceli olduğunu gösterdi. Depresyon konusundaki klasik görüş depresiflerin kötümser bakış tarzına sahip oldukları yolundaydı; olabilir. Ancak bir süre önce "Depresif Gerçekçilik" denen bir yaklaşım ortaya çıktı. Bu yaklaşıma göre depresifler kötümser değil gerçekçidirler; normal sayılan kişiler ise

* Tarlacı, S. (2016), *Schrödinger'in Kedisi Neden Şizofren Oldu?*. İstanbul, Destek Yayınları.

gereğinden fazla iyimserdirler, yaşamın onları kayırdığına inanırlar. Depresif gerçekçilik kapsamında bunu şöyle örnekleyebiliriz: Depresif kişi istatistiklere baktığında trafikte belirli oranlarda kaza olabileceğini bilir, bu durum onu kaygılandırır. Normal sayılan kişi ise, "Bana bir şey olmaz, kötü insanların başına kaza gelir, ben bir şekilde korunan iyi bir insanım," deyip kendini rahatlatır (Bu düşünme şekli bir tür hipotezdir ve bu hipotezin test edilmesi hem çok zordur hem de toplumlar bu konunun araştırılmasına izin vermezler. Oysa işin aslına göre, iyi kalpliler kazalardan kurtulmazlar; akıllı, tedbirli, kurallara uyan kişiler, büyük bir olasılıkla kazalardan uzak kalırlar). Bizden farklı düşünenlerle nasıl empati kuracağımız konusunda depresif gerçekçilik ve benzeri yaklaşımlar bize ufuk açıcı olabilir.

Şizofren tanısı almış bir kişiyle empati kurmak bir yana, normal sayılan kişilerin, hatta psikologların, psikiyatristlerin bile birbirleriyle empati kurmaları bazen zordur. Bu konuda değerli psikiyatrist Doç. Dr. Haluk Özbay'la ilgili bir anımı paylaşmak istiyorum.

Doç. Dr. Haluk Özbay'ı Anlamak

Bir süre önce TRT kanallarından birinde yayımlanan bir programda sevgili Özbay, değerli tiyatro sanatçımız Kutay Sungar'ın sorularını cevaplıyordu. Özbay bir ara, "Bir genç hayatta her şeyi en az bir defa denemeli," dedi. Bir baba olan sevgili Kutay Sungar'ın aklı bu işe yatmadı; "Hocam, bazı şeyleri bir defa bile denesek, artık geriye dönüş olmayabilir," dedi. Ancak Özbay görüşünde ısrar etti.

Bu olay üzerine bir gazeteye Özbay'ı eleştiri yazısı yazdım ve "Her şeyi bir defa dene" şeklindeki önerinin gerçekçi olmadığını, özellikle gençleri sıkıntıya sokabileceğini belirttim. Kısa bir süre sonra da TRT Özbay'ın programını yayından kaldırdı. Bence kaldırılmamalı, konu uzmanlar tarafından tartışılmalıydı. Yıllar sonra bu olayı hatırladığımda, Özbay'ın kafası ile benim, Sungar'ın, hatta TRT'nin kafası arasında nitelik farkı bulunduğunu, birbirimizi anlamadığımızı düşünüyorum. Kimin haklı olduğuna karar vermek güç; belki de fotonun, elektronun hem dalga hem parçacık olduğunu söyleyen kuantum mantığı gibi, "Sen de haklısın," diyen Nasrettin Hoca gibi herkesin haklı olabileceğini düşünmek gerekli. (Not: Sevgili okurlarım, siz yine de Özbay'ın "günü aşmış mantığına" göre değil, bizim günlük sınırlı mantığımıza göre davranın; hayatta her şeyi en az bir defa denemek gerektiği, temeli olmayan bir şehir efsanesidir. Geçmiş kuşakların tecrübelerinden yararlanmakta, uyuşturucuları ve kumarı hiç denememekte yarar vardır bence. Ben denemedim ve eksikliğini de hissetmiyorum.)

Yirmi üç yıl öncesinde ülkemizde kumarhaneler serbestti. Arkadaşlarımla gezdim ama oynamadım. Bir başka efsaneye göre, hiç kumar oynamamışların elleri uğurlu olurmuş. Bu durumda hiç oynamadığım için benim elim de uğurluymuş. Bir arkadaşım, "Kendin için oynamıyorsun, bari benim için şu kolu bir defa çek, senin elin uğurlu," dedi. Ben de ona, "Niçin çekeyim? Bak şu an elim uğurlu, çekersem uğuru kaçar," diye yanıt verdim. Kumar benzeri bazı şeyler eşe sadakat gibidir, bir defa sarsıldı mı geriye dönüşü olmaz.

Belki bir gün, şimdi bize uzak görünen dünyaları, mantıklı görünmeyen akıl yürütmeleri de kavrayabileceğiz. Şimdilik kendimizi üzmemiz pek yararlı gözükmüyor. Bu aşamada sadece, bugün kurduğumuz empatinin, âdeta iki boyutta (X-Y boyutlarında) geçerli olduğunu, üçüncü boyutta (derinlik, yani Z boyutunda) ve dördüncü boyutta (hız boyutunda) geçerli olamayacağını kabullenmek, iki boyuttan diğer boyutlara nasıl atlayabileceğimizin yollarını düşünmek gereklidir.

Karadelikler Açısından Empati

Karadelikler hakkında çok az bilgimiz var. Kısa bir süre önce bir karadelik fotoğraflandı ancak içinin nasıl bir yer olduğunu bilmiyoruz zira onlara radyo sinyali veya ışık gönderdiğimizde geribildirim alamıyoruz. Kalkıp bir karadeliğin içine girsek orada neler olup bittiğini belki –belki– anlayabiliriz ancak büyük bir ihtimalle geri dönemeyeceğimiz için anladıklarımızı başkalarına anlatamayız.

Sonuçta bir karadelikle irtibat ve empati kurmamız, en azından şimdilik mümkün gözükmüyor. Benzer şekilde, bize anlaşılmaz gelen kişilerle, örneğin otizmli bir çocukla –yeterince– empati kuramıyoruz; onları anlayamayan bazı veliler 2019'da bir devlet okulumuzda bu çocuklara âdeta yuh çektiler (Velilerin bu davranışları, bilgisizlikten kaynaklanan korkuyla beslenen, "Ya benim çocuğum da böyle olsaydı?" düşüncesiyle alevlenen bir saldırganlık ifadesidir. Analitik Kuram'a göre korku saldırganlık yaratır). Bir psikopatla, bir hırsızla; değerlerini, ülkesini satan mankurtlaşmış biriyle, çocuklara uyuşturucu satan bir kişiyle, bir engizisyon yargıcıyla, temerküz kamplarındaki tutukluların dövmeli derilerini toplayıp abajur koleksiyonu yapan Nazi bir doktor eşiyle empati kurmamız da bir karadeliğin içini anlamamız kadar imkânsız galiba.

Karısını çocuklarının gözü önünde vahşice öldüren katille; oğlunu saltanat çadırının içinde, boğulma sesini duya duya boğdurtan padişahla; oğlunu gözünün önünde, göreduya eziyet ettirerek öldürten büyük lakaplı Çar'la; tahtını kaptırmamak için oğlunun gözlerine kızgın mil çektiren Bizans kraliçesiyle empati kurmak; yine bir karadeliğin içini bilmek kadar zor. TRT ekranlarında, "Hz. Nuh büyük tufanda, o âna kadar imana gelmemiş oğlunu gemiye çağırmak istedi. Dumanla haber gönderemezdi, güvercinle haber gönderemezdi, fırtına ve yağmur vardı. Mecburen oğlunu cep telefonuyla aradı, ikna etti. Oğlu gemiye gelmek istedi ancak o hengâmede binebileceği sandal, tekne yoktu; son çare bir İHA'ya binip gemiye gitti," diyen ve bunu ısrarla savunan yardımcı doçentle nasıl empati kuracaksınız? Önemli bir mevkide bulunan bu kişinin iddia ettiği her şey, bizim aklımıza, mantığımıza aykırıdır ancak ona makul gözükmektedir. Bir defa, tufan her hâlde milattan önce olmuştur; cep telefonu, İHA günümüzün buluşudur. Üstelik İHA denen şey, "insansız hava aracı" demektir, insansız hava aracına bir insan bindiğinde bu araç insansızlık vasfını kaybeder, insanlı hava aracı olur. Olaya nereden baksanız bu akademisyenin mantığı atom-altı gibi, karadeliklerin içi gibi bize uzak bir mantıktır.

Benzer şekilde, "Amaç aracı meşru kılar," diyen Makyavel'le, Pasternak'ın *Dr. Jivago* romanında devrimin dışında hiçbir şeyin önemi olmadığını, suçsuz insanların ölmesinin önemsiz olduğunu söyleyen nihilistle empati kurmak zordur. Otuz yaşında anne-babasıyla aynı evde oturan, onların maddi ve duygusal desteğiyle hayatını sürdüren ve fakat onları sürekli azarlayan bir kişiyle empati kurmak da zordur. Teşbihte hata olmasın; bu örneklerdeki kişilerin düşünce ve duygu dünyalarını anlamak, bir karadeliğin içinde neler olup bittiğini anlamak kadar imkânsız olabilir. En azından şimdilik.

Prof. Dr. Perin Uçman hocamız yüksek lisans derslerimizden birinde bir batı ülkesinde iki psikiyatristin, şizofrenlerin iç dünyalarını kavramak için uğraşmaktan kendilerini şizofren hâline getirdiklerini, halüsinasyon ve delüzyon sahibi olduklarını söylemişti. Sonra meslektaşlarının yoğun gayretleriyle kısmen şizofreniden çıkmışlar ancak galiba tam olarak salah (şifa) bulamamışlar. Bence en kötüsü, şizofrenik dünyadan geri döndüklerinde, o dünyanın atmosferinde neler olup bittiğini, kişisel düşünce ve duygu yaşantılarının orada ne olduğunu da tam olarak aktaramamış olmaları. Bu olay bana, bir karadeliğin içine girseniz bile geriye dönüp orada neler olduğunu anlatamayacağınız gerçeğini çağrıştırmaktadır.

Bu konuda şizofreni ile ilgili kişisel görüşümü belirtmek istiyorum:

Bazı şizofrenlerle, yaşantılarının belli dönemlerinde iletişim kurmak mümkün olmuyor; en azından biz kuramıyoruz. Ancak yaşantılarının belirli dönemlerinde, normal sayılanlardan farklı davranmıyorlar; bu dönemlerinde onları anlamamız, derin bir bağ kurmamız mümkün olabiliyor. Hacettepe Üniversitesi'nde yüksek lisans yaparken, yüksek tahsilli bazı şizofren danışanların (hasta demek doğru değil) yaşadıklarını çok doğal, çok çarpıcı şekilde ifade ettiklerine tanık olmuşumdur. Bazıları aynaya baktıklarında vücutlarını deforme algıladıklarını, örneğin bir kollarının mum gibi eriyip akmakta olduğunu gördüklerini söylerlerdi. Daha da ilginci, bu algılarında bir tuhaflık olduğunu, bu durumun başkalarınca tuhaf algılanabileceğini ifade ederlerdi. Bu insanları hâlâ saygıyla hatırlıyorum. Aslında hiç kimse tam olarak normal, hiç kimse de tam olarak ruhsal yönden hasta değildir. Anoreksiya nervozada da benzeri bir algı bozukluğu, zayıf bir bedeni çok şişman algılama sözkonusudur. Bu tür durumlarda algısal bozukluklar olduğu bir gerçektir; ancak bu bozulmanın kişilerin zihinlerinde nasıl bir yapı oluşturduğunu anlamakta güçlük çekiyoruz. Belki bir gün karadeliklerin içinde ne olduğu da anlaşılabilir, bugün anlamakta güçlük çektiğimiz insanlarla da empati de kurulabilir.

İnsanların birbirlerini anlamaları konusundaki kısır döngüyü anlatan edebi ve galiba ebedi bir görüş:

Sulhi Dölek'in Kirpi'si

Büyük mizah ustalarımızdan Sulhi Dölek, *Kirpi* adlı eserine bir çelişkiyi vurgulayarak başlıyor. Biri, "Düşmanlarımızı anlasaydık onlarla savaşmazdık," şeklinde bir vecize söylüyor. Bay Kirpi ise, "Düşmanlarımızı asla anlayamayız," diyor.

Kirpi'den ilham alarak kıssadan hisse: Karadeliklerin içine girebilseydik orada neler olup bittiğini anlayabilirdik ancak karadeliklerin içine giremeyiz. Ve bize mantıksız görünen insanlarla empati kurabilseydik onları anlardık ancak ne yazık ki onlarla empati kuramıyoruz.

Bugün empati kurmakta zorlandığımız kişilerle belki de gelecekte, tıp ve nöroloji alanlarındaki teknolojik gelişmelerden yararlanarak, daha ileri düzeyde bir tür empati kurabiliriz. Anne-babalarıyla bugün yeterince empati kuramayan, onları şüphesiz ki istemeden istismar eden yetişkin yaşlardaki gençler, bir ihtimal gelecekte onlarla yeterince empati kurabileceklerdir. Bunun yanı sıra büyük bir ihtimalle bizler de onların niçin böyle davrandıklarını anlayabileceğiz.

Ankara, 2019

Aşk ya da iş hayatınızda bazen sürekli kendi çemberinizi sağlamlaştırmak yerine, çemberinizin dışına çıkıp dünyadaki yerinizi sağlamlaştırabilirsiniz.

Usta yazar Üstün Dökmen, *Direksiyon* adlı romanında, düşünen insanı en çok meşgul eden konuları, özgürlüğü, mutluluğu ve aşkı zekice kurguladığı ve güçlü bir üslupla beslediği sürükleyici bir yol hikâyesiyle ele alıyor.